Monografieën van Nederlandse architecten

onder redactie van prof. Wim Crouwel, Hans van Dijk, prof. dr. Wessel Reinink en drs. Bernard Colenbrander (secr.)

op initiatief en met financiële steun van het Prins Bernhard Fonds

onder verantwoordelijkheid van het Nederlands Architectuurinstituut

Monografieën van Nederlandse architecten

Benthem Crouwel

Vincent van Rossem | Fotografie: Jannes Linders

ARCHITECTEN

UITGEVERIJ 010 ROTTERDAM

Documentatie

D'Laine Camp, Michelle Provoost, Rotterdam

Tekeningen

Benthem Crouwel Architekten, Amsterdam

Vormgeving

Reynoud Homan, Muiderberg

Druk

Rosbeek bv, Nuth

Omslagfoto

Busstation Schiphol, Amsterdam (afgebroken)

Foto pag. 45

Sybolt Voeten, Breda

Foto's pag. 55, 56, 57

Benthem Crouwel Architekten, Amsterdam

Copyright 1992

Uitgeverij 010 Publishers

Vincent van Rossem (tekst)

Jannes Linders (fotografie)

CIP-gegevens

Rossem, Vincent van

Benthem Crouwel, architecten / V. van Rossem;

Jannes Linders (fotogr.). – Rotterdam: Uitgeverij 010.

– Ill., foto's. – (monografieën van Nederlandse

architecten; 7)

Tekst in het Nederlands en Engels.

– Met bibliogr., lit.opg.

ISBN 90-6450-130-0 (geb.)

SISO 716.8 UDC 72(492)"19" NUGI 923

Trefw.: Benthem Crouwel / Bouwkunst

Inhoud

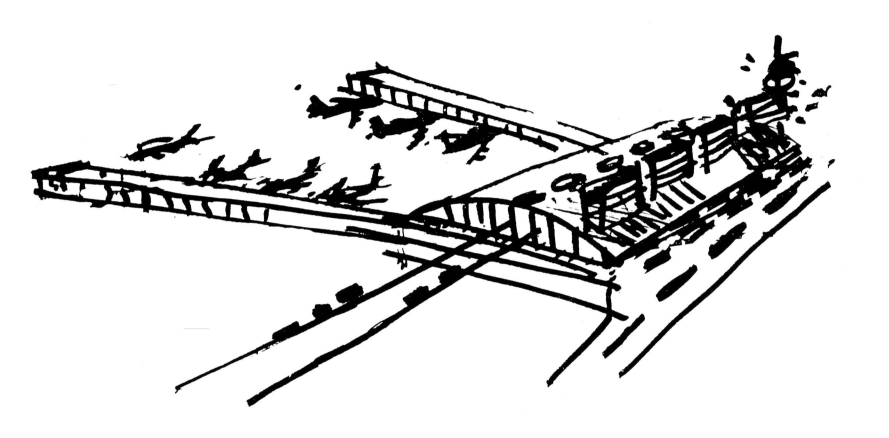

Randstad architectuur

■ In de jaren vijftig, terwijl Jan Benthem en Mels Crouwel de mogelijkheden van de driewieler onderzochten en de tafels leerden, verrezen de laatste meesterwerken van de Moderne Beweging. De dialoog tussen architectuur en stedebouw die zo kenmerkend was voor de eerste helft van de eeuw werd toen beëindigd. Mies van der Rohe hulde zich in ongenaakbaar stilzwijgen, Le Corbusier verbrak zijn moeizame relatie met Parijs, en in 1959 vond de laatste bijeenkomst van de CIAM plaats.[1] Daarna degenereerde het Nieuwe Bouwen al snel tot een geïnstitutionaliseerde vorm van harteloze hoogbouw die steeds meer maatschappelijk verzet opriep. Het waren echter met name de achteloze moordaanslagen op historische binnensteden en oude woonwijken die tenslotte zouden leiden tot een ware burgeroorlog waarin het functionalisme van weleer roemloos ten onder is gegaan. De in 1977 door Charles Jencks geproclameerde 'dood van de moderne architectuur' werd internationaal met vreugde begroet.

■ De kritiek die rond 1970 werd geformuleerd was geenszins nieuw. In Nederland voerde men al gedurende de jaren dertig een uitputtend debat over de al dan niet vermeende tekortkomingen van het Nieuwe Bouwen. Tussen 1945 en 1960 werd de Nederlandse architectuur gedomineerd door het traditionalisme.[2] Van een gedachten-wisseling was geen sprake, en het is aan de naoorlogse bijeenkomsten van de CIAM te danken dat ons land in deze jaren niet geheel van de architectuurhistorische kaart verdween. Hier kregen Jaap Bakema en Aldo van Eyck de gelegenheid om hun positie te bepalen in de traditie van de Moderne Beweging.[3] Mede door zijn samenwerking met J.H. van den Broek heeft Bakema zich nooit losgemaakt van het idee – voor de oorlog geformuleerd door de architectenverenigingen 'de 8' en 'Opbouw' – dat bouwkunst onverbrekelijk verbonden is met volkshuisvesting en stedebouw. Van Eyck kwam echter al snel tot het besef dat architectuur niet kan overleven in een wereld die wordt gedomineerd door bureaucratisch denkende ambtenaren.

■ Toen Gerrit Rietveld zijn zeventigste verjaardag vierde, in 1958, schetste Van Eyck een uiterst somber beeld. Het gedachtengoed van de avantgarde, constateerde hij, was verwaterd tot een 'onnozele vorm-maskerade', geproduceerd in 'architecten-fabrieken' onder het toeziend oog van immer vergaderende beunhazen die het tekenen zelf al lang verleerd zijn.[4] Bij deze gelegenheid was Van Eyck nog van mening dat de oorzaak van het debâcle gezocht moest worden 'in de overschatting van de ratio'. Vier jaar later wees hij op een dieper gelegen probleem: dat van de 'verkapte opdrachtgever'. Het principiële argument was nu dat architectuur die wordt ontworpen in opdracht van de overheid per definitie slecht is. De bureaucratie kan alleen een 'onherkenbaar verminkt en onwezenlijk partieel' programma van eisen formuleren, 'tot onheil van de miljoenen die de absurde resultaten voor-geschoteld krijgen om er op voorgeschotelde wijze in te leven – niet als mensen maar als "bevolking"'.[5]

■ De crisis van het functionalisme in de jaren zestig en zeventig illustreert inderdaad op treffende wijze dat de ontwikkeling van de bouwkunst in hoge mate afhankelijk is van creatieve of althans inspirerende opdrachtgevers. Naarmate de bedilzucht van de verzorgingsstaat meer en meer totalitaire trekjes begon te vertonen, werd het voor ontwerpers steeds moeilijker om te ontsnappen aan de grootschalige eenheids-worst waar bureaucraten overal in de wereld zo dol op zijn. In de woningbouw, en meer nog in de stedebouw, ontstond een rigide stelsel van budgettering, voorschriften en regelgeving waarin voor architectuur tenslotte geen plaats meer was.

■ Zelfs de verschijningsvorm van het bedrijfsleven, met zijn vaak charmerende techno-logische en ideologische eigenaardigheden, werd vakkundig gekortwiekt en in het keurslijf van de 'functionele stad' geperst. Grootschalige industrie verdween uit het stadsbeeld, terwijl in Rotterdam en Amsterdam ook het havenbedrijf naar de periferie verhuisde. Wat resteerde kreeg gaandeweg een uniform aanzien. 'Corporate identity' was taboe in deze jaren en 'low profile' maakte opgang. Het kantoorgebouw

1
M. Tafuri en F. Dal Co, *Modern Architecture*, New York 1979, p 340 en 352.

2
J.H. van den Broek, *Uitgevoerde werken van bouwkundige ingenieurs*, Amsterdam 1956. J.P. Mieras, *Naoorlogse bouwkunst in Nederland*, Amsterdam 1954.

3
Ed Taverne, 'Ambities in de Nederlandse architectuur 1948-1959', in: *Hoe modern is de Nederlandse architectuur*, Rotterdam 1990, p 23-59.

4
Aldo van Eyck, 'De bal kaatst terug', in: *Forum* 13 (1958), no. 3, p 104-111.

5
Aldo van Eyck, 'De verkapte opdrachtgever en het grote woord "neen"', in: *Forum* 16 (1962), no. 3, p 79-80.

ontwikkelde zich tot een volstrekt anoniem ontwerpje dat per strekkende meter besteld kon worden. Ondanks al deze pogingen om de dynamiek van de moderne metropool te beteugelen, stagneerde de ontwikkeling van de industriële samenleving niet of nauwelijks. De winterslaap van de bouwkunst werd gecompenseerd door andere sectoren van de massacultuur, met name de automobielindustrie en het medium televisie.

■ De betekenis van het autoverkeer voor de moderne stad is van begin af aan onderkend door de avantgarde. De Voisin 14 CV van Le Corbusier is zelfs onverbrekelijk met haar geschiedenis verbonden.[6] Na de oorlog ontwikkelde de auto zich al snel tot een betrouwbaar en comfortabel vervoermiddel, dat door stijgende welvaart en steeds betere produktietechniek in de loop van de jaren zestig voor bijna iedere Nederlander betaalbaar werd. Vrijwel tegelijkertijd verscheen in de huiskamer van het doorsnee gezin een televisietoestel. Zo kon bijvoorbeeld de eerste landing van mensen op de maan, in juli 1969, velen ervan overtuigen dat de mogelijkheden van het technisch vernuft vrijwel onbegrensd zijn. De auto, de tv en tenslotte ook het vliegtuig hebben een einde gemaakt aan de periode van de wederopbouw en aan alle pogingen om de geest van de metropool weer in de fles te krijgen. 'Es ist', had Karl Scheffler al in 1913 opgemerkt, 'für den Begriff der modernen Großstadt nicht die Kopfzahl der Bewohner ausschlaggebend, sondern der Großstadtgeist'.[7]

■ Toen Jan Benthem en Mels Crouwel in 1979 het besluit namen om hun talenten te bundelen, begon het Nederlandse publiek al aardig te wennen aan het leven in een open en uitgesproken stedelijke samenleving. Naar de opinie van de dorpspastoor en de dominee werd nog maar zelden gevraagd, terwijl ook de socialistische zedenmeesters steeds minder gehoor vonden. In weerwil van de spreekwoordelijke calvinistische volksgeest begon men plezier te krijgen in het toenemende aanbod van mogelijkheden om het bestaan te veraangenamen. Het bureau Benthem Crouwel Architekten – aanvankelijk met A. Wiersma als derde partner – werd aldus onder gelukkige omstandigheden te water gelaten. De tijd was rijp voor een nieuwe en liefst onbevangen visie op architectuur.

■ Een eerste gelegenheid voor Benthem Crouwel om zich te presenteren deed zich voor toen eind 1979 een prijsvraag werd uitgeschreven voor de fictieve uitbreiding van het gemeentehuis te Usquert, in de provincie Groningen. Het was de bedoeling om de vijftigste verjaardag van dit ontwerp van H.P. Berlage te gedenken met een stimulans voor de architectuurdiscussie in Nederland. Het werk van Berlage, de aartsvader van de moderne architectuur in Nederland, is doortrokken van de architectonische problemen die tussen 1890 en 1925 opgelost moesten worden. De meningen over het raadhuis van Usquert lopen uiteen, maar ook dit gebouw is representatief voor het evenwicht dat Berlage zocht tussen traditie en moderne zakelijkheid. Het vormde daarom een goede toetssteen voor de ontwerpopvattingen die eind jaren zeventig opgang deden. Alle prijsvraagdeelnemers werden door Berlage geconfronteerd met de vraag: wat heb ik met de traditie van de bouwkunst te maken en wat betekent zakelijkheid voor mij?

■ Gelet op het aantal prijsvraaginzendingen vormde de opgave een hoogst actueel probleem. Na de dramatische ondergang van de Moderne Beweging stonden jonge architecten inderdaad voor de moeilijke keuze tussen bouwkunst en bouwen – de keuze die ook rond 1930 gemaakt moest worden toen Berlage zich publiekelijk distantieerde van het Nieuwe Bouwen.[8] De prijsvraaginzending met het motto 'usquert' was een duidelijke keuze: het ontwerp respecteert en onderstreept de onaantastbare betekenis van Berlage in de Nederlandse architectuurgeschiedenis en maakt tevens duidelijk dat het onmogelijk is om met de middelen van Berlage een moderne gemeentesecretarie te bouwen. De uitbreiding bestaat uit een langgerekte doos van staal en glas die het oude raadhuis flankeert – niet provocerend en evenmin salueerend maar simpel als een reïncarnatie van het streven naar zakelijkheid.

6
Stanislas von Moos, 'Le Corbusier und Gabriel Voisin', in: S. von Moos en C. Smeenk (hrsgs), *Avant Garde und Industrie*, Delft 1983, p 77-103.
7
Karl Scheffler, *Die Architektur der Großstadt*, Berlin 1913, p 3.
8
Manfred Bock, *Anfänge einer neuen Architektur*, Den Haag 1983, p 45-50.
J.B. van Loghem, *bouwen-bauen-bâtir-building*, Amsterdam 1932.

■ De jury bekroonde het ontwerp vooral omdat ze veel waardering had voor de wijze waarop de uitbreiding het Berlage-beeld 'in hoge mate versterkt'. Deze observatie doet onvoldoende recht aan de architectonische keuze die vooraf is gegaan aan de stedebouwkundige oplossing, maar zij is ongetwijfeld juist. Omdat Benthem Crouwel eerst tot de conclusie zijn gekomen dat de moderne gemeentesecretarie een doos van staal en glas moet zijn, hebben ze ook het juiste stedebouwkundige evenwicht weten te vinden tussen de dorpskern, het raadhuis, de uitbreiding en het omringende landschap. Met behulp van een overeenkomstige gedachtengang heeft C. van Eesteren in 1925 zijn bekroonde ontwerp voor Unter den Linden gemaakt. Nadat hij eenmaal had vastgesteld dat moderne bebouwing in het centrum van Berlijn per definitie zal bestaan uit hoge kantoortorens boven een winkelstraat, kon hij ook een perfect stedebouwkundig evenwicht creëren tussen het monumentale deel van Unter den Linden, ten oosten van de Friedrichstraße, en de geprojecteerde nieuwbouw tussen de Friedrichstraße en het Pariser Platz.

■ Van Eesteren koos bij deze gelegenheid voor het motto 'Gleichgewicht', omdat het evenwicht tussen oud en nieuw naar zijn mening van essentieel belang was voor de toekomstige stad. Het geheim van dit evenwicht, redeneerde hij in de toelichting, is niet gelegen in de overeenkomsten tussen oud en nieuw maar in de verschillen: het is een evenwicht van contrasten. Ook het prijsvraagontwerp 'usquert' verbeeldt een evenwicht van architectonische contrasten dat leidt tot de enige goede stedebouw-kundige oplossing. De stedelijke cultuur, waarvan Berlage ook in Usquert wilde getuigen, wordt in het ontwerp van Benthem Crouwel tot essentie van de opwerp-opgave getransformeerd. Zij laten zien dat Berlage geen Don Quichot is geweest en dat de 'Großstadtgeist' nog altijd actief is in Nederland.

■ Het is niet erg waarschijnlijk dat de overeenkomsten tussen de ontwerpopgave in Usquert en de problemen van Unter den Linden een directe invloed hebben uitgeoefend op Benthem Crouwel en het oordeel van de jury. Het ligt meer voor de hand om aan Rem Koolhaas te denken. Met het boek *Delirious New York* en zijn prijs-vraagontwerp voor de behuizing van de Tweede Kamer had Koolhaas in 1978 een einde gemaakt aan de zegetocht van het 'bouwen voor de buurt' en het bijbehorende neo-socialistische geprevel. Mijn ontwerpen, aldus Koolhaas, '... are polemical demonstrations that aspects of modernism, both American and European, can be made to co-exist with the historical core, and that only a new urbanism that abandons pretentions of harmony and overall coherence, can turn the tensions and contradictions that tear the historical city apart into a new quality. The projects celebrate the end of sentimentality'.[9]

■ Bakema, die tijdens de laatste CIAM-bijeenkomsten al eens eerder had gezien hoe architectuurgeschiedenis gemaakt wordt, moet direct begrepen hebben dat de tekens die Koolhaas – in eerste instantie – aan de wand liet verschijnen van principieel belang waren. Verder zag hij ook, als jurylid met een doorslaggevende stem, de verwantschap tussen de grootsteedse visie van Koolhaas en het brutale gebaar dat Benthem Crouwel voor Usquert hadden ingezonden. Deze verwantschap betreft de beginselen, niet de vorm van het werk. Voor Koolhaas staat de betekenis van de vorm voorop, terwijl de belangstelling van Benthem Crouwel zich primair richt op de constructieve en functionele aspecten van de vorm. Koolhaas bekijkt de Randstad afstandelijk, bij voorkeur vanuit een vliegtuig, maar Benthem Crouwel zijn direct betrokken bij de grote ongemakken en de kleine vreugden van het leven in die stad. Wat zij gemeen hebben, ook met Berlage en Bakema, is een intense liefde voor de metropool, en voor architectuur die niet dorps is en evenmin sentimenteel.

■ De meest simpele en waarschijnlijk ook de beste manier om het werk van Benthem Crouwel te catalogiseren is begin jaren dertig bedacht, toen de Nederlandse CIAM-leden het concept van de functionele stad formuleerden. Dit idee werd ontleend aan

9
J. Lucan, *OMA – Rem Koolhaas*, New York 1991, p 162.

de historische ontwikkeling van de stad in de twintigste eeuw, en het was door auteurs als Karl Scheffler en Ludwig Hilberseimer steeds scherper geformuleerd.[10] De radicale reductie van het stadsleven tot vier elementaire functies, namelijk wonen, werken, verkeer en recreatie, is voortgekomen uit de ervaringen die Van Eesteren in Amsterdam had opgedaan. Dit schema doet natuurlijk geen recht aan de complexiteit van het menselijk bestaan maar het biedt nog steeds een helder kader voor de analyse van gebouwen in een stedelijke context. De Randstad vormt een dominant gegeven, maar alle wezenlijke verschillen – voor zover ze er ooit geweest zijn – tussen het Westen en overig Nederland zijn nu verdwenen. De 'Großstadtgeist' domineert alom het dagelijks leven en het gaat voor Benthem Crouwel primair om de vraag hoe de moderne stedeling woont, werkt, recreëert en mobiel is.

■ Tot voor kort werd deze vraag tot in de meest absurde details beantwoord door ambtenaren van diverse planologische diensten. Bestemmingsplannen en bebouwings-voorschriften lieten de architect geen kans om te ontsnappen aan het pad dat in de jaren vijftig en zestig was platgetreden. Jan Benthem en Mels Crouwel mogen zich gelukkig prijzen dat de dagen van deze bureaucratie geteld waren toen zij met het prijsvraagontwerp 'usquert' hun eerste succes behaalden. Het ontwerp met een duidelijke signatuur is de afgelopen jaren in ere hersteld, met positief gevolg voor de maatschappelijke waardering van architectuur, en als deze ontwikkeling doorzet zal de Randstad meer en meer gaan lijken op een normale stad. Ook architecten weten niet hoe de heilstaat gebouwd moet worden en ook zij maken vergissingen, maar het werk van individuen staat per definitie dichter bij het leven zelf dan de grootste gemene deler die door een collectief is bedacht.

■ Nu duidelijk wordt, na het verschijnen van vier tamelijk nutteloze nota's over de ruimtelijke ordening in Nederland, dat het proces van verstedelijking te complex is voor ambtelijke bewegwijzering, krijgt het architectonisch ontwerp weer de taak om de verschijningsvorm van de stedelijke ruimte te bepalen. Die taak heeft het eeuwen-lang gehad, en het is misschien geruststellend om te bedenken dat ook de grote negentiende-eeuwse steden zijn gemaakt door spoorwegingenieurs, architecten en, niet te vergeten, projectontwikkelaars. Wie in Parijs het Gare du Nord uit loopt, wordt geconfronteerd met een van de meest imposante stadsgezichten van Europa: groots en meeslepend omdat er geen concessies zijn gedaan aan degenen die niet van stations houden, en evenmin van grote hotels en brede boulevards vol verkeer. Uit het werk van Benthem Crouwel spreekt de overtuiging dat het mogelijk is om deze toverformule te doen herleven.

Wonen in de Randstad

■ Holland was al in de zeventiende eeuw het meest verstedelijkte land van de wereld, maar de Nederlanders geven er de voorkeur aan om hun eigen stadscultuur te negeren. Nadat in de Gouden Eeuw de Amsterdamse grachtengordel gedeeltelijk was bebouwd, heeft het stadswoonhuis in ons land nooit meer het niveau bereikt dat vereist wordt voor vermelding in de geschiedenis van de bouwkunst. In de Rand-stad is niets te vinden dat vergelijkbaar is met Georgian London of het Parijs van Haussmann. Terwijl Hermann Muthesius, Frank Lloyd Wright, Le Corbusier en Mies van der Rohe zich bezig hielden met het ontwerp van de suburbane villa, uitgaande van het Engelse landhuis, werd de ontwikkeling van de Nederlandse architectuur bepaald door de arbeiderswoning. Het meer luxueuze stadswoonhuis is zodoende een tamelijk ongewoon verschijnsel in de architectuurgeschiedenis van de Lage Landen, en het is verheugend dat Benthem Crouwel al verschillende ontwerpen hebben gemaakt voor deze sector van de woningmarkt.

■ Terwijl vele generatiegenoten zoeken naar een historiserend postmodernisme proberen Benthem Crouwel gestalte te geven aan een post-socialistisch modernisme. Bij zijn afscheid als hoogleraar in Delft heeft Rem Koolhaas gewezen op de noodzaak

10
Ludwig Hilberseimer, *Groszstadtarchitektur*, Stuttgart 1927.

om de consequenties van de ondergang van het socialisme voor de architectuur duidelijk te maken.[11] Het werk van Benthem Crouwel geeft een indicatie: het zijn andere opdrachtgevers, het is een onderzoek naar de mogelijkheden van onconventionele bouwtechnieken, en het is, of impliceert althans, een terugkeer naar de beginselen van de bouwkunst – niet de problemen van het classicisme maar de esthetische mogelijkheden van staal, glas en beton. De rol van het ontwerp in het maatschappelijk leven geeft weer stof tot denken.

■ Toen Benthem Crouwel in het kader van hun eerste opdracht, voor woonhuis Jager, geconfronteerd werden met de realiteit van de bouwwereld, en vooral de begroting van een ruim calculerende aannemer, drong het tot hen door dat inspiratie bij tijd en wijle prachtig is maar dat realisme en vakmanschap onontbeerlijk zijn. De opdrachtgever heeft immers weinig aan grootse ideeën die niet binnen het budget passen. Woonhuis Jager is een tamelijk opvallend maar in wezen eenvoudig huis, prachtig gesitueerd in een bedaagde Haagse villawijk. De omringende bebouwing behoort stilistisch tot de meest onduidelijke en rommelige periode uit de geschiedenis van het Nederlandse stadswoonhuis. Het boek dat J.H.W. Leliman in 1920 heeft gepubliceerd over dit onderwerp geeft een representatief beeld.[12] Er was dus geen aanleiding om contextualistische gebaren te maken en bovendien hadden de opdrachtgevers een voorkeur geformuleerd voor moderne architectuur. Zij wilden een comfortabel huis, met een fitnesskamer, en zonder de bedompte knusheid die veel Nederlandse villa's zo akelig aan de pensioengerechtigde leeftijd doet denken.

■ Tijdens en direct na de bouw maakten buurtgenoten hun waardering kenbaar met vergelijkingen als 'badhuis', 'gevangenis', 'ruimteschip' en 'witte doos', die bij nader inzien nog niet eens zo gek zijn. Nadat in een veelgelezen avondblad door een deskundige was uitgelegd dat woonhuis Jager tot de bouwkunst gerekend moet worden, keerde de rust in de buurt weer, maar het ontwerp staat nog steeds bekend als 'de witte doos'. Het is inderdaad een langgerekte doos, twee verdiepingen hoog, van sandwichpanelen rond een staalskelet, die maar aan één zijde, de tuinzijde, geopend is. De vergelijking met het ruimteschip wordt verklaard door de ovale patrijspoorten in de gesloten zijden van de doos en het woord gevangenis betekent in dit geval optimale privacy. De verwantschap met het badhuis is wat minder duidelijk, maar als bedoeld wordt: strak, proper en functioneel, dan blijkt dat de critici van het eerste uur toch goed gekeken hebben. Het kost alleen moeite om op het eerste gezicht een huis te waarderen dat niets te maken wil hebben met de gangbare sociologie van het bouwen en wonen.

■ Woonhuis Jager doet misschien nog vaag denken aan de villa's van Mies van der Rohe die in de jaren twintig en dertig gebouwd zijn, door de directheid waarmee het ruimteprogramma tot uitdrukking komt, maar anders dan het werk van Mies herinnert het niet aan de architectuurtheorie van de vorige eeuw. Voor Mies van der Rohe was de slagschaduw van de negentiende eeuw nog een reëel gegeven, met zeer koopkrachtige opdrachtgevers, maar ook met het kwellende probleem: 'Berlage oder Behrens'?[13] Een dergelijke vraag heeft voor Benthem Crouwel geen enkele concrete betekenis: niet alleen wijzen zij het gebruik van historiserende stijlmiddelen af, maar ook het rationalisme van Eugène Viollet-le-Duc, Gottfried Semper en P.J.H. Cuypers is voor hen een historische curiositeit. De architectuurtheoretische traditie, door de architecten van het Nieuwe Bouwen gereduceerd tot een residu, is in hun werk alleen nog impliciet aanwezig.

■ Het tweede woonhuis uit de reeks, woonhuis Benthem in Almere, heeft veel opzien gebaard, waarschijnlijk omdat het meer nog dan woonhuis Jager laat zien dat bouwen en wonen in suburbia bijzonder spannend kan zijn. Het ging in Almere om een prijsvraag waarbij uitdrukkelijk werd gevraagd om een originele visie op het wonen in de nieuwe polderstad. Daarom was het de inzenders toegestaan om af te wijken van de normale bouwvoorschriften. Voor de tien bekroonde inzendingen was

11
Rem Koolhaas, zonder titel, in: *Hoe modern is de Nederlandse architectuur*, Rotterdam 1990, p 19.

12
J.H.W. Leliman, *Het stadswoonhuis in Nederland*, Den Haag 1920.

13
Fritz Neumeyer, *Mies van der Rohe. Das Kunstlose Wort*, Berlijn 1986.

een kavel bouwgrond beschikbaar voor een periode van vijf jaar, dus het huis moest in feite demontabel zijn. Geïnspireerd door dit ongebruikelijke programma van eisen hebben Benthem Crouwel geprobeerd om een huis te ontwerpen met een minimum aan middelen. Het resultaat is zo verrassend dat het sprakeloos maakt: een paradoxaal gegeven dat volkomen los staat van de bouwkunst maar dat toch, onmiskenbaar, het architectonische denken in zijn meest pure vorm doet herleven. Woonhuis Benthem is de 'oer-hut', het mythische begin van het bouwen.[14]

■ Benthem Crouwel doen niet in gebakken lucht en zijn zeer wars van alles dat ook maar zweemt naar de mystiek van architectuur. In hun ogen is woonhuis Benthem niets anders dan een constructief experiment dat bijzonder goed van pas kwam in het kader van de douane-emplacementen die vrijwel tegelijkertijd zijn ontworpen. Juist omdat de ontwerpers meer belangstelling hadden voor de zuiverheid en de logica van het ontwerpproces dan voor het esthetisch resultaat, is een kunstwerk ontstaan, demontabel en bewoonbaar, dat op volstrekt onbevangen wijze getuigt van de bereidheid om de moderne wereld als feit te aanvaarden.

■ Gezien de wijze waarop woonhuis Benthem is ontworpen heeft het betrekkelijk weinig nut om lang te zoeken naar vergelijkbare huizen in de architectuurgeschiedenis. Het gaat in dit geval om de intenties van het ontwerp, niet om oppervlakkige over-eenkomsten. Le Corbusier heeft een paar weekendhuizen ontworpen, waaronder Les Mathes, van natuursteen, hout en met een dak van eternit golfplaat, die elementair genoemd kunnen worden. Op Long Island, New York, hebben Lawrence Kocher en Albert Frey een buitenverblijf gebouwd dat zowel wat betreft de minimalisering van het programma van eisen als de reductie van materiaal doet denken aan woonhuis Benthem.[15] Bakema heeft destijds scherp gezien hoe 'de Braamakkers' bij Loosdrecht – een zomerhuisje van Gerrit Rietveld dat in elkaar is geknutseld van boerenplanken, stalen ramen en riet rond een gebogen achterwand – de weg probeerde te wijzen naar een minder doctrinaire interpretatie van het Nieuwe Bouwen, waarin de poëzie van het ontwerpen ruim baan krijgt.[16] Echte architectuur, zo lijkt het, laat zich niet stilistisch etiketteren. Het huis van Charles Eames en de 'Case Study' huizen van Pierre Koenig in Los Angeles, de Jaoul-huizen van Le Corbusier in Parijs: al deze ontwerpen zijn verwant aan woonhuis Benthem, door de onwil om compromissen te sluiten met de bouwwereld en de benepenheid van het kleinburgerlijke wonen.

■ Woonhuis Benthem staat als een technologisch wonder in de laatste Zuiderzee-polder, als een ruimtevaartuig dat vandaag of morgen weer verdwenen kan zijn. De schoonheid van de 50 meter hoge en 30 meter brede vakwerkmast voor 380 kV hoogspanningslijnen op de achtergrond vormt een perfect decor voor de visie van Benthem Crouwel op het hedendaagse bouwen. Zo wordt tenslotte toch nog iets gerealiseerd van een droom die in de afgelopen zestig jaar grotendeels in rook is opgegaan. Ooit leefde in nieuwzakelijke kring de hoop dat in de Zuiderzeepolders een soort Nieuw Nederland zou kunnen ontstaan, maar al begin jaren dertig bleek dat het anders zou lopen. In de zomer van 1933 namen C. van Eesteren, B. Merkelbach, W. van Tijen en L.C. van der Vlugt deel aan een excursie naar de Wieringermeerpolder. Zij troffen daar imitatie oud-Hollandse dorpen aan en waren uiteraard teleurgesteld. Rondlopende in Middenmeer werden zij getroffen door de wachtende bussen waar-mee men gekomen was: '... hoe licht, ijl en natuurlijk die in het landschap stonden'.[17]

■ Niemand zal nu nog ontkennen dat Almere een voorstad is van Amsterdam, en ook in Utrecht wordt al begerig gekeken in de richting van Flevoland, waar nog ruimte is voor een steeds voller wordende Randstad. Woonhuis Benthem is te experimenteel voor de dagelijkse praktijk van de Nederlandse woningbouw, maar het ontwerp en de prijsvraagopgave zijn toch tekenen des tijds. In de nabije toekomst zal men in de Randstad moeten wennen aan snel groeiende buitenwijken met een toenemend aantal vrijstaande eengezinswoningen. Natuurlijk zal een groot deel van deze huizen afkomstig zijn uit de schappen van het bouwbedrijf, maar de groeiende vraag naar

14
Joseph Rykwert, *On Adam's House in Paradise*, New York 1972.

15
Alfred Roth, *La Nouvelle Architecture*, Zürich 1948, p 11-16.

16
J. Bakema, 'De vrije vorm', in: *de 8 en opbouw* 12 (1941), no. 8, p 106-107.

17
C. van Eesteren, B. Merkelbach, W. van Tijen, L.C. van der Vlugt, 'Bebouwing Wieringermeer-polder', in: *Tijdschrift voor Volkshuisvesting en Stedebouw* 15 (1934), no. 1, p 6.

luxegoederen zal leiden tot meer waardering voor architectuur, ook in suburbia. Deze ontwikkeling zal bijdragen aan de stedebouwkundige kwaliteit van de Randstad. Het kan in dit verband misschien geen kwaad om te bedenken dat het culturele fundament van de Deutsche Werkbund niet alleen werd gevormd door design en fabrieksarchitectuur maar ook door de villa's die werden gebouwd in de buitenwijken van Berlijn.[18]

■ Woonhuis Nieuwland in Rotterdam vormt na beide voorgaande exercities met staal, glas en sandwichpanelen een constructieve verrassing. Het is namelijk gemaakt van kalkzandsteenblokken met lateien en vloeren van beton. Dit zijn conventionele materialen die alom in de woningbouw worden toegepast. Voor het overige is ook dit huis echter bepaald geen cliché, en zelfs met de kalkzandsteenblokken is constructief toverwerk verricht dat architectonisch fraai tot uitdrukking komt in de penanten. Doorgaans worden dragende muren van kalkzandsteen aan de buitenzijde bekleed met baksteen, ouderwetser en degelijker kan het immers niet. Daar de thermische isolatie al verzekerd is door de spouw, gevuld met minerale wol of iets dergelijks, behoeft de buitenmuur van het huis eigenlijk alleen maar waterdicht te zijn. Benthem Crouwel hebben gekozen voor geëmailleerd glas. Daar het vensterglas van de ramen exact in hetzelfde vlak ligt en in het moduulsysteem past, kan gesproken worden van een zeer consequent uitgevoerde vliesgevel.

■ De Kralingse Plaslaan is natuurlijk ook een beetje het openluchtmuseum van het Nieuwe Bouwen in Rotterdam. Iedere architect die hier een huis bouwt zal zich bewust zijn van het gegeven dat J.A. Brinkman, L.C. van der Vlugt, W. van Tijen en H.A. Maaskant over zijn schouder meekijken. Men moet wel tamelijk zeker van zichzelf zijn om met een aldus samengestelde welstandscommissie niet nerveus te worden. Ook woonhuis Nieuwland bewijst echter dat Benthem Crouwel zich mogen beroepen op een ongedwongen relatie met de monumenten van het Nieuwe Bouwen. Alleen het bandvenster in de woonkamer op de eerste verdieping, dat over de volle breedte van het huis de Kralingse Plas in beeld brengt, verwijst expliciet naar de jaren twintig. Voor het overige gaat het om meer abstracte overeenkomsten, de afwezigheid van een kap met dakpannen kan tegenwoordig immers niet meer als een opmerkelijk architectonisch gegeven genoemd worden.

■ Woonhuis Nieuwland is net als de spraakmakende ontwerpen uit de jaren twintig brutaal modern, zoals woonhuis Benthem aan de Bergpolderflat doet denken. Benthem Crouwel hebben een huis gemaakt dat binnen een redelijk budget met moderne middelen tegemoet komt aan een programma van eisen dat bepaald niet sober is maar evenmin overdadig. Iedereen die zich zorgen maakt over de toekomst van de Randstad zou wensen dat dit, op een of andere wijze, de architectonische norm zou kunnen bepalen voor 'ieders huis – straks', zoals Van Tijen, met zijn onwrikbare geloof in de toekomst, het eind jaren vijftig eens genoemd heeft. Ook woonhuis Nieuwland verbeeldt vertrouwen in de toekomst. Het is perfect gedetailleerd en het biedt zijn bewoners een redelijke hoeveelheid bewegingsruimte. Het getuigt van goede smaak en van de wil om plezier in het leven te hebben. Dit huis heeft architectuurhistorisch niets gemeen met de huizen van Hermann Muthesius in Berlijn, er is alleen een sociologische verwantschap tussen de opdrachtgevers: de overtuiging dat wonen in de stad een genot kan zijn.

■ Het woongebouw aan de Van Soutelandelaan in Den Haag is ontworpen voor de firma Wilma Vastgoed bv. De architect verkeert bij een dergelijke opdracht in een tamelijk moeilijke positie. De werkelijke opdrachtgevers, de toekomstige kopers van de woningen, zijn onbekend en het programma van eisen is dus geformuleerd door een afdeling marketing, bestaande uit anonieme deskundigen. Daarop is weinig invloed uit te oefenen, omdat de normale dialoog met een opdrachtgever die meer en meer betrokken raakt bij het ontwerp ontbreekt. De architect wordt geëngageerd om een zeker aantal vierkante meters woonruimte in een bepaalde sector van de

[18] Julius Posener, *Berlin auf dem Wege zu einer neuen Architektur*, München 1979.

woningmarkt constructief en esthetisch gestalte te geven – op een zodanige wijze dat vooraf vaststaat dat het courante woningen zullen zijn.

■ Dit is, hoe groot het budget per woning ook moge zijn, een beperkte opdracht. Toch zijn er op deze wijze in alle grote steden van Europa heel behoorlijke, zo niet fraaie stadswijken gerealiseerd. Omdat het om min of meer gestandaardiseerde woningbouw gaat en omdat de individuele wensen van de toekomstige bewoners niet bekend zijn, krijgt de stedebouwkundige context bijzondere betekenis. Zowel Georgian Londen als het Parijs van Haussmann ontlenen hun charme aan een strenge typologische orde. Aan het begin van deze eeuw heeft W.C. Behrendt een theorie geformuleerd voor de architectuur van de enorme blokken met dure appartementen die toen in Berlijn gebouwd werden.[19] In Nederland heeft echter nooit iemand de moeite genomen om een vergelijkbare analyse te maken van de appartementen- gebouwen die gedurende de jaren twintig in Den Haag zijn gebouwd. Zelfs de stede- bouwkundige betekenis van de Amsterdamse School is onderbelicht gebleven.

■ Benthem Crouwel hebben aan de Van Soutelandelaan geprobeerd om de traditie van het Haagse woongebouw te doen herleven. De oogstrelende baksteengevels herinneren aan werk van C. Brandes, W. Verschoor en J. Wils, maar ook de plannen van J. Duiker en J. Wiebenga voor de Nirwanaflat hebben waarschijnlijk een bron van inspiratie gevormd. Benthem Crouwel hebben in ieder geval al het mogelijke gedaan om binnen het kader van de opdracht een optimaal evenwicht te vinden tussen Haagse traditie en modernisme. De combinatie van witgeglazuurde baksteen, natuursteen, metalen ramen en grote balkons heeft geresulteerd in een bevredigend geheel van ouderwetse chic en zakelijk bouwen. De drie entrees aan de noordwest- zijde van het gebouw wijzen op een eender streven. De gebogen luifels vormen een welkomstgebaar dat bekend is van hotels en dat ook Albert Boeken bezig hield toen hij de Apollohal ontwierp – maar tevens wordt de grens tussen binnen en buiten messcherp gemarkeerd door de twee glaswanden die de openbare ruimte scheiden van de hal die toegang geeft tot trap en lift.

■ De relatie van Benthem Crouwel met de Moderne Beweging, die in het boven- staande alleen min of meer terloops een rol speelde, wordt bij woonhuis Crouwel een dominant gegeven. Het eerste hoofdstuk in de geschiedenis van woonhuis Crouwel is namelijk al in 1951 geschreven door Jan Rietveld, onder de titel woonhuis Klein.[20] Rietveld junior heeft toen een inderdaad heel klein huisje getekend voor een perceel bouwland op een volstrekt idyllische plek in het middeleeuwse polderland ten westen van Utrecht. Tienhoven is een fraai restant van de sublieme stedebouw- kundige orde die zo treffend is beschreven door Karl Scheffler in zijn boek *Holland*.[21] Jan Rietveld heeft destijds geprobeerd om op een minimale plattegrond de idealen van het 'bevrijde wonen' zo goed als mogelijk te realiseren. Dit is vooral gelukt in de woonkamer op de verdieping, direct onder de gebogen kap. Hier bewijst Jan Rietveld dat de kwaliteit van architectonische ruimte inderdaad niets te maken heeft met het aantal vierkante meters.

■ Mels Crouwel heeft het huis gekocht, vermoedelijk in een opwelling van architectuur- historische zorg voor het werk van zijn Delftse leermeester. Bovendien is het landschap rond het huis precies het pastorale paradijs dat men in Amsterdam voor ogen heeft als de charmes van het 'buiten wonen' worden afgewogen tegen de voorzieningen die in het centrum van de stad voorhanden zijn. Van een wezenlijk verschil tussen stad en land is geen sprake want Utrecht en Amsterdam vormen een deel van het dagelijks leven in Tienhoven. Vervolgens stonden Benthem Crouwel voor de taak om van dit veertig jaar oude landhuisje in Randstedelijk suburbia een modern stads- woonhuis te maken. De restauratie van woonhuis Klein is deze leerlingen van Jan Rietveld wel toevertrouwd, maar kan aan dit ontwerp nog iets toegevoegd worden zonder de eigenaardige compactheid van plattegrond en volume te verstoren?

■ Benthem Crouwel hebben gekozen voor een oplossing die aan de prijsvraagin-

[19]
W.C. Behrendt, *Die einheitliche Blockfront als Raumelement im Stadtbau*, Berlin 1911.
[20]
P. Salomons en S. Doorman, *Jan Rietveld*, Rot- terdam 1990, p 38-43.
[21]
Karl Scheffler, *Holland*, Leipzig 1930.

zending 'usquert' doet denken. Er wordt een min of meer zelfstandig woonhuis Crouwel gebouwd, van staal en glas, zodat een tweeëenheid ontstaat van ontwerpen die duidelijk verschillen. Toch zijn de verhoudingen zorgvuldig op elkaar afgestemd, de noordwestgevel laat bijvoorbeeld duidelijk zien hoe woonhuis Crouwel zich voegt naar het oorspronkelijke ontwerp. Het verbindende element tussen de twee paviljoens waaruit woonhuis Klein-Crouwel bestaat, de spil van het geheel, wordt gevormd door de entree. Woekerend met ruimte, en mogelijk ook om de voordeur wat cachet te geven, heeft Jan Rietveld de hal – met annex berging en stookhok – ondergebracht in een toegevoegd bouwdeel aan de noordoosthoek. De contour van dit bouwdeel vormt de aanzet voor de nieuwbouw, en de hal dient nu mede als verbinding tussen oud en nieuw.

■ Het werk van Benthem Crouwel lijkt met dit vooralsnog laatste woonhuis meer complex te worden. Het gaat in principe nog steeds om een perfect gedetailleerde doos van staal en glas, dat is immers ook het essentiële probleem van de moderne architectuur, maar in Tienhoven is geprobeerd om iets toe te voegen dat niet alleen berust op zakelijke argumenten. Net als zijn vader had Jan Rietveld een bijna feilloze intuïtie voor licht en schaduw: de woonkamer van woonhuis Klein is een zacht flonkerend juweel. Benthem Crouwel hebben altijd alleen een louter functioneel onderscheid willen maken tussen muurvlak en raamopening, maar de baksteenmuur in de reeds genoemde noordwestgevel maakt duidelijk een inbreuk op dit principe. Woonhuis Benthem heeft immers al bewezen dat de privacy ook met luxaflex beschermd kan worden. Het gegeven is natuurlijk ontleend aan woonhuis Klein en het komt de eenheid tussen oud en nieuw inderdaad sterk ten goede, maar het lijkt alsof Benthem Crouwel met dit muurtje ook duidelijk willen maken dat zij zich de esthetische beperkingen van puur functionele oplossingen zeer wel bewust zijn. Dit was trouwens in Rotterdam en aan de Van Soutelandelaan ook al duidelijk geworden, maar het is frappant om te zien hoe in dit oeuvre een paar vierkante meters baksteen plotseling betekenis kunnen krijgen.

Mobiliteit en werk in de Randstad

■ Omdat wonen de meest complexe culturele bezigheid is die de mens ontwikkeld heeft, zal het woonhuis altijd een poëtische meerwaarde hebben ten opzichte van utiliteitsbouw en bedrijfsarchitectuur. De beschouwer blijft zich bewust van het feit dat het woonhuis niet alleen een woonmachine is maar ook de plek waar ouders en kinderen lief en leed delen; een woonhuis kan geboortehuis of sterfhuis zijn en het verbeeldt daarom meer dan een toevallig onderkomen. De meest perfecte antipode van het woonhuis is waarschijnlijk het benzinestation dat aan de snelweg ligt. Het verblijf is hier per definitie vluchtig en de voorbijgaande auto's herinneren voortdurend aan een doel dat verderop is gelegen. De tank wordt gevuld, men strekt misschien de benen en de reis gaat verder – het is een oponthoud dat doorgaans geen spoor van herinnering nalaat.

■ In 1980 kregen Benthem Crouwel van de Rijksgebouwendienst de opdracht om een aantal gebouwen te ontwerpen voor een douane-emplacement aan de A1 nabij Oldenzaal. In de jaren daarna volgden vergelijkbare opdrachten voor enkele andere emplacementen. Een douane-emplacement kan beschouwd worden als een veredeld benzinestation. Er worden met name voor het vrachtvervoer een aantal administratieve handelingen verricht, met eventuele controle van de lading, maar het oponthoud van de chauffeur en vooral het rollend materieel moet tot een minimum beperkt blijven. Daarnaast zijn natuurlijk ook optimale werkomstandigheden voor het douanepersoneel een vereiste.

■ Benthem Crouwel hebben deze opdracht aangegrepen als een mogelijkheid om een reeks van gebouwentypen te ontwikkelen die wordt gekenmerkt door heldere constructies en een strikt utilitair karakter. Zelf beschouwden zij dit werk ook als een hoogst noodzakelijke aanvulling op hun studie in Delft die altijd de architectonische ruimte problematiseerde maar nooit leerde hoe een en ander constructief in elkaar zit. Het resultaat van deze oefening in het gebruik van bouwmaterialen – kantoorgebouwen, overkappingen, garages, loodsen en een abri-systeem – heeft in Nederland en zelfs in Engeland het idee doen postvatten dat Benthem Crouwel zich wilden profileren als 'High-Tech' architecten. Dit is een observatie die weinig zegt over hun werk – en dat weinige is onjuist – maar die wel duidelijk maakt wat al bekend was: dat Nederland nog altijd in baksteen bouwt. Benthem Crouwel doen niets anders dan op een intelligente en zuinige wijze gebruik maken van constructies en materialen die al in 1959 door Konrad Wachsmann zijn beschreven.[22]

■ 'High-Tech' is een stijl, herkenbaar door het gebruik van bepaalde stijlmiddelen die in het werk van Benthem Crouwel niet of nauwelijks voorkomen.[23] Kenmerkend voor 'High-Tech' is bijvoorbeeld het vertoon van installaties, liefst in primaire kleuren, aan de buitenzijde van het gebouw. Dit zal men op de douane-emplacementen tevergeefs zoeken. Functies die geen daglicht vereisen zijn ondergebracht in gesloten kernen – die het kantoorgebouw bij Oldenzaal overigens ook de vereiste constructieve stijfheid geven. 'High-Tech' onderscheidt zich verder door constructieve extravagantie, waarbij men lijkt te vergeten dat het Russische Constructivisme meer ideologisch dan bouwtechnisch geïnspireerd was. Ook dit stijlmiddel is bepaald niet typerend voor de nieuwe grensposten. Er is inderdaad gebruik gemaakt van staal, maar niet op de nadrukkelijke en opdringerige wijze die eigen is aan 'High-Tech'.

■ Benthem Crouwel hebben hun bewondering voor het werk van Norman Foster en – in mindere mate – Richard Rogers niet onder stoelen of banken gestoken, maar de douane-emplacementen leveren juist het bewijs dat zij niet geïnteresseerd zijn in 'High-Tech' als stijl. Zeker in vergelijking met de bijna bizarre en vaak ook peperdure gebouwen die pretenderen de technologische wonderen van onze eeuw te verbeelden, moet hun werk gekwalificeerd worden als ingetogen, sober en onderhoudsvriendelijk. Het is echter zeker niet saai. De grensposten hebben geen geweldige architectonische pretenties, maar ze zijn wel representatief voor het streven om nu eindelijk eens een einde te maken aan het klompen, molens en kaasmeisjes imago dat ons land aankleeft. Wie Nederland binnenrijdt via een van de nieuwe grensposten zal vervolgens niet verbaasd zijn dat niemand op klompen loopt en dat ongerepte polderlandschappen uit de zeventiende eeuw alleen nog in het Rijksmuseum te vinden zijn.

■ Het bedrijfsgebouw voor MORS Systeemplafonds in Opmeer vormt in zekere zin de apotheose van de reeks ontwerpen die begon bij de grenzen van het vaderland. Opmeer ligt in Noord-Holland, ten noorden van Alkmaar zelfs, en wie dit gebouw gaat bekijken wordt werkelijk overvallen door de perifere conditie van de Randstad.[24] De reis vanuit Amsterdam naar het noorden voert door een landschap waarin vrijwel alle stadia van verstedelijking bestudeerd kunnen worden, en ook het dorp Opmeer beschikt al over een industrieterrein. Hier hebben Benthem Crouwel aangetoond, in goed overleg met de opdrachtgevers, dat ook met een heel bescheiden budget een wonderschoon bedrijfsgebouw gerealiseerd kan worden.

■ Het gebouw, zoals gebruikelijk van staal en glas, bestaat uit twee delen die letterlijk, zoals bij een geopend lucifersdoosje, in elkaar geschoven zijn. Zowel functioneel als constructief vormt dit ontwerp een toonbeeld van heldere eenvoud. De bij dergelijke bedrijven gangbare combinatie van showroom, kantoorruimte en magazijn krijgt gestalte door de combinatie van een glazen doos met een gesloten doos van geprofileerd metaal. Tien uiterst elegant ogende vakwerkspanten houden dit geheel overeind. De drie spanten die het skelet vormen van de showroom en de kantoorruimte zijn van buitenaf zichtbaar, zodat het gebouw al bij de eerste oogopslag duidelijk maakt hoe het in elkaar zit en hoe het gebruikt wordt.

■ Benthem Crouwel hebben er geen behoefte aan om ieder detail in hun werk via een ingewikkelde stamboom vol virtuoze bouwkunst terug te voeren tot Vitruvius.

22
Konrad Wachsmann, *Wendepunkt im Bauen*, Wiesbaden 1959.
23
Charles Jencks, 'The Battle of High-Tech', in: *Architectural Design Profile* vol. 58 (1988), no. 11-12, p 19-39.
24
Archis 1991, no. 8.

Maar na een bezoek aan MORS Systeemplafonds kon Mels Crouwel het niet laten om op te merken dat het gebouw als demonstratie van minimaal en intelligent materiaalgebruik een vergelijking met de Lotus Seven toch glansrijk kan doorstaan. De Seven is een legendarisch ontwerp van Colin Chapman uit 1957: een spaceframe chassis met vier wielen, spatborden, een motor en twee keiharde stoelen – de auto in zijn meest elementaire gedaante. Deze vergelijking is typerend. De Lotus Seven zal wel nooit een plaats krijgen in de architectuurgeschiedenis, maar de ontwerper die zijn werk wil toetsen aan dit hoogtepunt van louter constructief en functioneel denken maakt het zichzelf bepaald niet gemakkelijk. MORS Systeemplafonds is net als de Lotus Seven een ontwerp voor de liefhebbers van pure efficiency, zonder stilistische flauwekul, en het is verheugend dat het gebouw ook internationaal de aandacht heeft gekregen die het verdient.[25]

■ Het Hojel project in Utrecht markeert waarschijnlijk een belangrijke grens in het werk van Benthem Crouwel. Met dit ontwerp hebben zij duidelijk gemaakt dat ook grootschalige architectuur, uiteraard in combinatie met de bijbehorende stedebouwkundige problemen, geenszins aan hun aandacht ontsnapt is. De aanleiding tot dit studieontwerp was een meervoudige opdracht van de Nationale Nederlanden en de Koninklijke Jaarbeurs waarbij gevraagd werd om een oplossing voor het chaotische gebied aan de westzijde van het Utrechtse centraalstation. Hier vormen de Croeselaan en de Hojelkazerne een ruimtelijke barrière tussen de Jaarbeurshallen en de traverse die naar het station voert. Bovendien is het bestaande Jaarbeursplein een uiterst naargeestige verzamelplaats van onduidelijke functies: inderdaad, zoals Benthem Crouwel constateren, niet veel meer dan de 'achteringang van Hoog-Catharijne'.

■ Uitgaande van het gegeven dat de Hojel-kazerne zal verdwijnen, vroegen de opdrachtgevers om een bebouwingsplan dat voorziet in een gebouw voor de groothandel, een flink aantal vierkante meters kantoorruimte, zowel voor de vrije markt als voor de Jaarbeurs zelf, en in een kwalitatief hoogwaardige stedebouwkundige verbinding tussen het station, de Jaarbeurshallen en de nieuwe bebouwing. De oplossing van Benthem Crouwel voor dit complexe probleem valt op door het heldere onderscheid dat is gemaakt tussen architectuur en stedebouw. In Hoog-Catharijne is geprobeerd om stedelijke ruimte binnen een enorm gebouwencomplex te creëren, en deze fout hebben Benthem Crouwel zorgvuldig vermeden. Hun ontwerp is opgebouwd rond een herkenbare en daarom aangename stedelijke ruimte, namelijk een park op een parkeergarage dat op hetzelfde niveau ligt als de voetgangerstraverse over het station. Het bouwvolume waarnaar in het programma van eisen wordt gevraagd, is vervolgens op evenwichtige wijze rond het park gegroepeerd.

■ Het idee van Benthem Crouwel om het traditionele stadspark nieuw leven in te blazen als dak van een parkeergarage is misschien moeilijk te realiseren, de opdrachtgevers zagen daartoe althans geen mogelijkheden, maar het is toch een suggestief compromis tussen hedendaagse cityvorming en de herlevende belangstelling voor de charmes van de negentiende-eeuwse stad. Het gebied ten westen van het centraalstation in Utrecht is karakteristiek voor de stedebouwkundige problemen waarmee alom geworsteld wordt. Het kleinschalige wonen en werken van de vorige eeuw is eerst te gronde gericht en vervolgens weggesaneerd, maar de hoogmoed waarmee het oude stadsleven werd vernietigd kwam voor de val. Overal zijn aldus gapende leegtes ontstaan, gekenmerkt door grauw beton, auto's en mensen die hoe dan ook de weg kwijt zijn, maar juist nu blijft de stedebouw het antwoord schuldig. Onder deze omstandigheden moet het Hojel-ontwerp van Benthem Crouwel beschouwd worden als een interessant voorstel om de verstoorde relatie tussen stedelijke ruimte en architectuur weer in balans te brengen.

■ De schaal en de complexiteit van het Hojel-project zijn nog bescheiden in vergelijking met de opdracht die Benthem Crouwel in samenwerking met het ingenieursbureau NACO voor de NV Luchthaven Schiphol uitvoeren. De relatie met de luchthaven

25
C. Schulitz, *Constructa-Preis 1990*, Hannover 1990, p 64-71.

dateert al uit het begin van de jaren tachtig. Benthem Crouwel zijn begonnen op Schiphol met diverse kleinere ontwerpen, waaronder een uiterst rank fietsenhok dat helaas niet meer bestaat. Het busstation dat zij in 1986 hebben ontworpen was echter een meer ambitieus project, dat met glans binnen de gestelde termijn en bovendien tijdens de wintermaanden gerealiseerd werd. Het gebouw, dat inmiddels ook niet meer bestaat, vormde een tijdelijke voorziening en moest daarom demontabel zijn. Staal en glas, het bouwmateriaal van woonhuis Benthem, waren derhalve een bijna vanzelfsprekende keuze, dak en vloeren zijn gemaakt van multiplex ribbenpanelen. De geheel glazen wanden met de karakteristieke stabilisatoren zijn opgehangen aan het dak en de bevestiging aan de onderzijde laat beweging toe, zodat de zeer licht geconstrueerde vloer onder belasting kan buigen. Het ontwerp vormt waarschijnlijk een eenzaam hoogtepunt in het genre busstations.

■ Daarna raakten Benthem Crouwel betrokken bij de ontwikkeling van het Masterplan Luchthaven Schiphol 1989-2003. Met dit uiterst ambitieuze plan wil men de capaciteit van de luchthaven verdubbelen: van 15 naar 30 miljoen reizigers per jaar. De voorzieningen die hiervoor getroffen moeten worden vormen met elkaar een bouwproject van ongekende omvang. Benthem Crouwel hebben inmiddels ontwerpen gemaakt voor het nieuwe stationsgebouw, voor een nieuwe pier, een parkeergarage die plaats biedt aan 6000 auto's, een kantorencomplex en een nieuw station voor de Nederlandse Spoorwegen. Wanneer ook nog de logistieke problemen van het verkeer in aanmerking worden genomen, is het nauwelijks overdreven om de vergelijking te maken met de bouw van een middelgrote stad, zij het dan in zeer compacte vorm.

■ Het is uiteraard niet mogelijk om hier uitvoerig in te gaan op de functionele samenhang tussen de verschillende ontwerpen en de ingewikkelde fasering van het bouwproces. Verder is het natuurlijk ook moeilijk om gebouwen te bespreken die nog niet voltooid zijn of nog op de tekentafel liggen. Het Stationsgebouw-West en de G-pier zijn in aanbouw, een definitief ontwerp voor de parkeergarage is gereed en aan de plannen voor het kantorencomplex en het NS-station wordt nog gewerkt.

■ Het Stationsgebouw-West vormt een zelfstandige uitbreiding van het bestaande Stationsgebouw, in het bijzonder voor reizigersverkeer van en naar niet-EEG landen. Het bestaat uit verschillende delen met uiteenlopende functies. Vanaf de landzijde – het domein van de vliegtuigen heet de luchtzijde – wordt de naderende bezoeker geconfronteerd met drie verschillende bestemmingen: de aankomsthal op het maaiveld, de vertrekhal daarboven en het bouwdeel dat zich nog hoger verheft, met vier lagen kantoorruimte. De oplettende bezoeker vindt overigens altijd bijtijds aanwijzingen om via de juiste route bij de gewenste bestemming te arriveren. Aan de luchtzijde bevindt zich de lounge, ter hoogte van de vertrekhal, en daaronder wordt de bagage verwerkt. In de doorsnede vormen de vertrekhal en de lounge een enorme ruimte van staal en glas die toegang geeft tot het transportsysteem dat de reizigers langs de lengte-as van het gebouw en ter hoogte van het dak naar de pieren of vice versa brengt. Hoewel lichtval en akoestiek moeilijk te voorspellen factoren zijn, laat het zich aanzien dat Benthem Crouwel hier met succes gebruik hebben gemaakt van de geboden mogelijkheden om een ambitieus ontwerp te realiseren. De Luchthaven Schiphol heeft een zeer goede reputatie in het internationale reizigersverkeer en het nieuwe Stationsgebouw zal daar in de toekomst nog extra glans aan geven.

■ Een programma van eisen zoals dat voor de G-pier komt in de architectuurpraktijk waarschijnlijk betrekkelijk weinig voor: het is namelijk volstrekt logisch. Benthem Crouwel hebben van dit buitenkansje gebruik gemaakt om een ontwerp te maken dat eigenlijk geen toelichting behoeft omdat alle functies onmiddellijk duidelijk zijn. Het is een langgerekte doos die aan weerszijden plaats biedt voor vier vliegtuigen. Via de begane grond wordt de bagage in- en uitgeladen, boven het maaiveld wachten de passagiers met fraai uitzicht op hun aanstaande vertrek. De indeling van deze verdieping correspondeert met de posities van de vliegtuigen en de vier gesloten dozen met technische voorzieningen op het dak. De vides tussen deze dozen markeren de plaats van de open wachtruimtes die onderling gescheiden worden door blokken met sanitaire voorzieningen, precies onder de technische ruimtes op het dak. Wat in feite niets anders is dan een dubbele reeks van vier wachtkamers wordt aldus een langgerekt, strak en helder geleed gebouw – werkelijk onberispelijk functionalisme.

■ Het geprojecteerde kantorencomplex P4 op Schiphol bestaat uit acht torens, vier maal zes en vier maal acht lagen hoog, die op de parkeergarage staan. De torens zijn geschakeld tot vier eenheden rond dubbele kernen waarin liften, trappen en sanitaire voorzieningen zijn ondergebracht. Automobilisten komen het complex binnen via de parkeergarage en gaan vervolgens met de lift naar boven. Bezoekers die met het openbaar vervoer komen – trein, bus of vliegtuig – maken gebruik van de voetgangerstraverse zes meter boven het maaiveld, die tevens wordt gebruikt door reizigers komende uit de parkeergarage die naar het Stationsgebouw lopen. Men behoeft overigens niet te lopen want er zijn rolpaden. Boven deze traverse is een tweede ruimte gesitueerd die de acht torens onderling verbindt: een 255 meter lange en 36 meter brede hal, die onder een licht gebogen kap ruimte biedt voor vele ondersteunende functies ten behoeve van het kantorencomplex.

■ Hoewel het ontwerp mogelijk nog gewijzigd zal worden, is nu al duidelijk dat Benthem Crouwel de ideeën die zij hadden ontwikkeld voor het Hojel-project bij deze gelegenheid als een volgroeid ontwerp presenteren. Het concept, met vier eenheden van geschakelde kantoortorens en een parkeergarage, blijft in wezen onveranderd, maar op Schiphol is de integratie van de verschillende onderdelen naar een optimum gevoerd. Zo blijkt dat de specifieke problemen van de luchthaven een architectonische opgave met gunstig gevolg kunnen aanscherpen. De juiste oplossing wordt gevonden door een zorgvuldige analyse van alle circulerende verkeersstromen. Op Schiphol zou alles mis lopen als er gebouwd werd zoals er in de doorsnee stad wordt gebouwd: zonder acht te slaan op het toekomstige evenwicht tussen bebouwing en stedebouwkundig plan. Niet alleen dit kantorencomplex, maar het gehele Masterplan voor de luchthaven is een schoolvoorbeeld van de wijze waarop architectuur en stedelijke ruimte op elkaar afgestemd moeten worden. Het is wel pijnlijk voor diverse grotere gemeenten in Nederland dat deze les in elementaire stedebouw gegeven moet worden door een winstgevend bedrijf.

■ Tot besluit van de reeks ontwerpen van Benthem Crouwel voor de mobiliteit en de bedrijvigheid in de Randstad een combinatie van kantoorruimte en hotelkamers voor Wagons-lits in het centrum van Amsterdam, aan het Stationsplein. Dit restant van het eens open havenfront is een van de meest wonderlijke pleinen van Europa. De vorm is door toeval tot stand gekomen en de gevelwanden zijn rommelig, met de Sint-Nicolaaskerk, het centraalstation en het voormalige hoofdkantoor van de Hollandsche IJzeren Spoorweg Maatschappij (HIJSM) als meest dominerende gebouwen. Aan de westzijde van het centraalstation verrijst nu een ontwerp van Benthem Crouwel waardoor het karakter van het Stationsplein zal veranderen. Er staan al meerdere nieuwe hotelgebouwen maar het hotel van Benthem Crouwel probeert niet ouder te lijken dan het is, zoals trouwens ook het postkantoor van P.J. Elling aan de oostzijde van het centraalstation zijn bouwjaar niet verloochent.

■ Het kantoorgebouw naast het hotel heeft een andere gevel, maar het is eveneens onvervaard modern en bovendien enige verdiepingen hoger. Omdat er op de bouwplaats eigenlijk niet voldoende ruimte is, staat het kantoorgebouw dwars op de lengte-as van het Stationsplein, zodat het zich zeer uitdrukkelijk manifesteert in de stedelijke ruimte. Dit had aanleiding kunnen geven tot kritiek als het Stationsplein een zorgvuldig gecomponeerde ruimte was geweest. In feite krijgt de wat vaag weglopende rooilijn van de bebouwing langs de Prins Hendrikkade nu aan de noordzijde van het water een krachtig beëindigingspunt, waardoor de vorm van het Stationsplein aan de westzijde eerder versterkt dan verzwakt wordt. In het meer beperkte blikveld wint ook de werking van de machtige HIJSM burcht aan kracht. Tussen beide kantoorgebouwen ligt een eeuw spoorweg- en architectuurgeschiedenis, wat al boeiend genoeg is, maar deze dialoog tussen de negentiende en de twintigste eeuw ontleent zijn scherpte ook aan de omringende stedelijke structuur, het erfgoed van vele eeuwen bedrijvigheid en mobiliteit in de Randstad.

Cultuurindustrie in de Randstad

■ Het woord cultuurindustrie, dat waarschijnlijk wel afkomstig zal zijn uit het neo-marxistisch jargon, heeft helaas een negatieve gevoelswaarde. Dit is jammer want het betreft een heel nauwkeurige aanduiding voor de organisatie van het culturele leven in de moderne samenleving. Wat eens het domein was van een geprivilegeerde groep, wordt nu met alle mogelijke middelen toegankelijk gemaakt voor een breed publiek. Toen de 'functionele stad' zestig jaar geleden ten doop werd gehouden dacht men bij het woord recreatie vooral aan wandelgelegenheid in meer of minder grote parken en aan sportvoorzieningen. Tegenwoordig is echter behoefte aan een veel breder programma van ontspanningsmogelijkheden waarin bovendien het onderscheid tussen sport, vermaak, toerisme en cultuur steeds vager wordt. Recreatie is een produkt geworden, dat geleverd wordt door een florerende bedrijfstak: de cultuurindustrie.

■ In een tijd waarin het museumgebouw bij wijze van spreken het pièce de résistance is geworden van iedere collectie, vormen de museumontwerpen van Benthem Crouwel een uitzonderlijk verschijnsel. Zij doen geen moeite om een tempel te ontwerpen en blijven trouw aan hun streven naar een maximum aan functionaliteit met een minimum aan middelen. Zodoende was hun plan voor het Nederlands Architectuurinstituut in Rotterdam al bij voorbaat kansloos. Het lijkt bijna alsof Benthem Crouwel zich werkelijk afgevraagd hebben hoe zij dit instituut onzichtbaar konden maken – wat duidelijk niet de bedoeling van de opdracht was. Hun gerealiseerde museumontwerpen laten echter zien dat deze terughoudendheid deel uitmaakt van hun visie op het moderne museumgebouw.

■ Het eerste ontwerp van Benthem Crouwel voor de cultuurindustrie dateert uit 1985: de opdracht was om een recreatiepier te ontwerpen voor Vlissingen. De recreatie-pier vormt architectonisch een tamelijk dwaas gegeven. De zee is namelijk oneindig groot, dus zelfs de langste pier blijft per definitie een object dat door zijn omgeving verpletterd wordt. Dit probleem hebben Benthem Crouwel natuurlijk niet opgelost maar wel enigszins geneutraliseerd door een pier te ontwerpen die sterk doet denken aan een onderzeeboot. Het wat lachwekkende effect van een gebouw dat probeert om de zee te intimideren wordt aldus vermeden. Het dek van deze pier is volkomen vlak en leeg, zodat het beeld van de zee, de horizon en de hemel gaaf blijft. De faciliteiten ten behoeve van de recreanten zijn ondergebracht in twee buizen die onder het dek hangen. Zodoende vormt ook het verschil tussen eb en vloed een min of meer dramatisch gegeven, want bij hoog water kan men oog in oog met de golven een consumptie gebruiken. Het ontwerp is niet alleen uiterst origineel maar het getuigt ook, zoals de museumontwerpen, van grote bescheidenheid ten opzichte van hetgeen de bezoekers willen zien: in dit geval de zee.

■ Het paviljoen voor de beeldententoonstelling in het park van het Arnhemse land-goed Sonsbeek vormt zelfs in het werk van Benthem Crouwel een sterk staaltje wat betreft het streven naar meer met minder. Het tijdelijke paviljoen was bedoeld om de meest kwetsbare sculpturen te beschermen tegen de elementen, dus in praktische termen was het programma van eisen uiterst simpel. Als het werkelijk zo eenvoudig was geweest, had de opdrachtgever natuurlijk voor minder geld een tent kunnen huren. Het paviljoen in Sonsbeek is echter meer dan een feesttent. Er zijn eerder paviljoens gebouwd in 1955 en in 1966, het eerste is ontworpen door Gerrit Rietveld, het tweede door Aldo van Eyck. Architectuurhistorisch was het programma van eisen dus wel gecompliceerd, of althans uiterst delicaat.

■ Rietveld heeft destijds de toon gezet met een ontwerp waarmee hij vriend en vijand liet weten dat alleen de architectuur van de Stijlbeweging in staat is om harmonieus samen te gaan met avantgardekunst. Aldo van Eyck, vermoedelijk de enige architect die erin geslaagd is om iets wezenlijks van Gerrit Rietveld te leren, heeft tien jaar later een paviljoen ontworpen dat opnieuw een betoverende ambiance vormde voor de geëxposeerde sculpturen. Benthem Crouwel stonden voor de lastige taak om aan dit betoog over architectuur en moderne kunst een derde aflevering toe te voegen. Het is hen gelukt om met de materialen die zij graag gebruiken – bijna alleen glas, gelast met siliconenkit – een paviljoen te maken dat op indringende wijze, als avantgardekunst, de wetten en de regels van de architectonische ruimte ter discussie stelt. Een ontwerp dat zichzelf bijna onzichtbaar maakt, herinnert aan de kleren van de keizer. Het dwingt om na te denken over de vraag wat eigenlijk architectuur is – de vraag die ook door de Stijlbeweging werd gesteld.[26]

■ In het kader van hun activiteiten voor de cultuurindustrie hebben Benthem Crouwel ook drie opdrachten voor verbouwingen gekregen, variërend van enkele eenvoudige aanpassingen in het interieur van een villa tot ingrijpende bestemmingswijzigingen met stedebouwkundige consequenties. Dit is een kenmerkend verschijnsel. Door snelle veranderingen in de samenleving zijn veel oudere gebouwen ongeschikt geworden voor hun oorspronkelijke functie. Dit gaat echter gepaard met een toenemende belangstelling voor het behoud van karakteristieke of beeldbepalende architectuur, en een nieuwe bestemming ten behoeve van het culturele leven is dan vaak de beste oplossing. Soms kan volstaan worden met simpele ingrepen, maar in andere gevallen zijn alleen nog de meest wezenlijke delen van het bestaande gebouw bruikbaar in een nieuwe context. Hoe dan ook staat de architect voor de niet eenvoudige taak om te ontwerpen binnen de beperkte bewegingsruimte die het reeds voorliggende ontwerp biedt.

■ Het Museum Overholland aan het Museumplein in Amsterdam was oorspronkelijk een groot vrijstaand stadshuis, gebouwd in de jaren twintig. De stilistische bedoelingen van de architect zijn niet geheel duidelijk, maar vergeleken bij de overige bebouwing rond het plein kan zeker gesproken worden van een tamelijk zakelijk ontwerp. Het huis werd gekocht door een particuliere verzamelaar met de bedoeling om werk uit de eigen collectie te exposeren in combinatie met bruiklenen. Dit unieke initiatief was helaas geen lang leven beschoren omdat de gemeente Amsterdam alle onderscheid tussen vermaak en cultuur uit het oog heeft verloren en van mening is dat het Museumplein ook als kermisterrein geëxploiteerd kan worden. Na een hoogoplopend conflict over de voortdurende hinder voor de ingang van Overholland besloot de eigenaar om het museum te sluiten.

■ Benthem Crouwel hebben bijna niets aan het gebouw veranderd: een kleine aanpassing van de plattegrond ten behoeve van de circulatie van de bezoekers, de lichtinval door de vele vensters wordt gedempt en de entree van het gebouw is ingericht voor de ontvangst van betalende bezoekers. Juist daarom was Overholland zo'n aardig museum, het omringde de geëxposeerde kunstwerken met de intimiteit van het particuliere woonhuis. De bijdrage van Benthem Crouwel is herkenbaar door de zorgvuldige detaillering en hun liefde voor glas. Het donker getinte glas dat in de entree is gebruikt markeert functionele grenzen in het nieuwe ruimteprogramma, terwijl het meer doorschijnende glas in de vensteropeningen juist herinnert aan de architectuur van het oorspronkelijke stadshuis. De ontwerpers, zo lijkt het bijna, exploreren hier heel behoedzaam de meer expressionistische mogelijkheden van glas die architectuurhistorisch voorafgaan aan het Nieuwe Bouwen. Aan het begin van de eeuw werd getint glas veel gebruikt, met als hoogtepunt het 'Glashaus' van Bruno Taut op de Werkbundtentoonstelling van 1914 in Keulen. Deze sprookjeswereld zal nooit meer herleven, maar toch hebben Benthem Crouwel in Overholland effectief

26
Peter Buchanan, 'Barely There', in: *The Architectural Review* 1987, no. 9, p 81-84.

gebruik gemaakt van het tovermiddel dat glas kan zijn.

■ Het Thomas de Beer Complex in Tilburg vormt een totaal ander probleem dan Overholland. De kern van het geheel is de enorme fabriekshal van een voormalige wolspinnerij. Dit gebouw is aangekocht door De Pont, Stichting voor hedendaagse kunst, om er een museum en een centrum voor moderne kunst in onder te brengen. Benthem Crouwel hebben een ontwerp gemaakt voor de verbouwing dat het industriële karakter van de expositieruimte zorgvuldig in ere houdt. Dit was wel enigszins te verwachten omdat de grote fabriekshal met een sheddak op simpele stalen kolommen voor de liefhebbers van ongepolijste zakelijkheid een lust voor het oog is. Rond deze prachtige expositieruimte moet echter veel veranderen om een verlaten industrieterrein in een uitgeleefd stadsdeel aantrekkelijk te maken voor nieuwe bewoners en bezoekers van het museum. Voor museale activiteiten in de oude fabriek zijn nieuwe voorzieningen vereist, en natuurlijk zijn er ook stedebouwkundige problemen die opgelost moeten worden bij de renovatie van een wijk met een zo chaotisch verleden.

■ De omgeving van het nieuwe museum wordt gekenmerkt door een stedebouwkundige structuur die het resultaat is van ongecoördineerde verstedelijking gedurende het begin van de industriële revolutie in Nederland. Terwijl op grote schaal huizen en fabrieken werden gebouwd, bleef het landelijk verkavelingssysteem de enige leidraad. Het labyrint dat aldus is ontstaan vormt een problematisch gegeven nu meer en meer oude bedrijfsgebouwen definitief gesloten worden. Het is vrijwel onmogelijk om bestaande stratenpatronen ingrijpend te wijzigen en misschien is dit ook wel ongewenst nu de idealen van de 'functionele stad' niet meer blindelings onderschreven worden. De gemeente Tilburg heeft Benthem Crouwel gevraagd om enkele stedebouwkundige beginselen te formuleren voor de bebouwing van verlaten bedrijfsterreinen in de directe omgeving van de oude wolspinnerij.

■ Benthem Crouwel hebben voor de Thomas de Beer Driehoek een stedebouwkundig plan gemaakt dat geen scherpe grens trekt tussen oud en nieuw. Het is een demonstratie van de mogelijkheden die goede architectuur biedt om in een onduidelijke stedebouwkundige situatie een herkenbare stedelijke ruimte te creëren. In steden die min of meer volgens plan gebouwd zijn, heeft het bouwblok doorgaans een regelmatige vorm, en is altijd een duidelijk onderscheid te maken tussen de binnen- en de buitenzijde van het bouwblok. Van een dergelijke orde is in Tilburg geen sprake en Benthem Crouwel hebben ook niet geprobeerd om daar verandering in te brengen. Het onderscheid tussen binnenterrein en openbare ruimte blijft vaag. De nieuwbouw, gevarieerd van vorm, vult de gaten die in het stadsplan vallen zonder de introductie van uitheemse stedebouwkundige beginselen. De relatie tussen bebouwde en onbebouwde ruimte wordt niet scherp gedefinieerd en blijft informeel. Het is misschien overdreven om te spreken van een historiserend ontwerp, maar Benthem Crouwel hebben er duidelijk naar gestreefd om de merkwaardige mengeling van dorpse en stedelijke aspecten te conserveren.

■ Het Anne Frankhuis is een uniek en wereldwijd befaamd oorlogsmonument. Door het dagboek van Anne Frank is het Achterhuis in Amsterdam onverbrekelijk verbonden met de lotgevallen van een opgejaagd en weerloos gezin dat moest onderduiken om te ontsnappen aan de dodenfabrieken van het Derde Rijk. Dit schept uiteraard de verplichting om het Achterhuis perfect te conserveren, de enorme belangstelling van toeristen maakt dit echter bijzonder moeilijk. Zo is de ongelukkige situatie ontstaan dat het Anne Frankhuis, als drukbezocht museum dat getuigt van de bittere noodzaak om willekeur en tirannie te bestrijden, in feite een bedreiging vormt voor het Achterhuis.

■ Om dit oorlogsmonument te beschermen tegen zijn internationale roem hebben Benthem Crouwel een ontwerp gemaakt dat tamelijk ingrijpende veranderingen met zich meebrengt. Rond het Achterhuis wordt in feite een echt museum gebouwd waarin de stroom van bezoekers de ruimte krijgt die dringend vereist is. Het valt uiteraard niet mee om iets dergelijks te realiseren in een Amsterdams bouwblok. De vereiste vierkante meters zijn bijeen gesprokkeld door de twee panden aan de Prinsengracht waarin het museum nu is gevestigd via een uitbreiding in de tuin te verbinden met een pand aan de Westermarkt. Voor dit uiterst grillig gevormde bouwterrein hebben Benthem Crouwel een museum ontworpen waarin het Achterhuis centraal staat: de bezoeker volgt een route die langzamerhand een compleet beeld geeft van interieur en exterieur.

■ De twee panden aan de Prinsengracht, uitgezonderd de begane grond met de entree van het museum, worden ingericht met een permanente expositie die het overwegend jeugdige publiek een minimum aan informatie verschaft over de 'Endlösung' en de jaren die daaraan vooraf zijn gegaan. De verschillende delen van het Achterhuis, dat ook via de lichthof zichtbaar is, vormen bij de rondgang door deze expositie de confrontatie met de beklemmende werkelijkheid van Anne Frank. Vanaf de bovenste verdieping dalen de bezoekers weer af naar de begane grond via een nieuw trappehuis dat leidt naar de nieuwe uitgang van het museum aan de Westermarkt. Deze route voert door een zaal met wisselende exposities in de tuin, langs de horeca-afdeling en langs de boekwinkel bij de uitgang.

Het millennium en verder

■ Benthem Crouwel zijn nog jong en over twintig of dertig jaar zal het werk dat in het bovenstaande is besproken misschien niet veel meer zijn dan een inleidend hoofdstuk bij een veel omvangrijker geheel. Het is natuurlijk de vraag hoe de architectuur zich in de komende decennia zal ontwikkelen. De economische perspectieven in een verenigd Europa lijken gunstig en ook technologisch zal er meer mogelijk zijn dan ooit tevoren. Benthem Crouwel koesteren uiteraard de hoop en de ambitie om een significante bijdrage te leveren aan het toekomstige bouwen, bijvoorbeeld met een elektrische centrale, een wolkenkrabber en andere grootschalige architectuur. In een dergelijke context zal het niet eenvoudig zijn om de esthetische intentie die sotto voce in Tienhoven tot uitdrukking wordt gebracht een vervolg te geven.

■ Het laat zich aanzien dat het in de architectuurpraktijk rond het jaar 2000 niet meer mogelijk zal zijn om specialisatie te vermijden. De speelse variëteit die zo kenmerkend is voor het werk van Benthem Crouwel uit de periode 1980-1990 zal dan noodzakelijkerwijs verdwijnen. Bijvoorbeeld het eengezinshuis is voor een architectenbureau met grote en gecompliceerde opdrachten al snel een gegeven dat niet meer in de bedrijfsvoering past. Dit is buitengewoon jammer omdat, zoals in het voorgaande al uiteen is gezet, de individuele woning van wezenlijk belang is voor de architectuurgeschiedenis. En misschien moet hier nog aan toegevoegd worden dat de problematiek van het woonhuis ook essentieel is voor de geestelijke gezondheid van de architect. Wanneer architectuur geen enkele band meer heeft met individueel geluk dreigt het gevaar van vervlakking en, tenslotte, het syndroom van harteloosheid waaraan de Moderne Beweging is overleden.

■ Het is te hopen dat Benthem Crouwel op een of andere wijze kans zien om de boeiende reeks woonhuizen die zij gebouwd hebben verder uit te breiden. De wetenschappelijke medewerkers van een universiteit krijgen af en toe enkele maanden verlof om intellectueel weer wat op krachten te komen. Menige architect zou daar vermoedelijk ook veel baat bij vinden, om af en toe eens een opdracht te aanvaarden met een programma van eisen dat de mogelijkheid biedt om in een wat ruimer kader over architectuur na te denken.

Uitbreiding Schiphol

■ In the fifties, while Jan Benthem and Mels Crouwel were investigating the possibilities of the tricycle and learning their tables, the final master-pieces of the Modern Movement were being erected. The dialogue between architecture and planning so characteristic of the first half of the century was then brought to a close. Mies van der Rohe wrapped himself in an inpenetrable silence, Le Corbusier broke off his turbulent relations with Paris and in 1959 the final CIAM congress took place.[1] After that the Modern Movement very quickly degenerated into an institutionalized form of bloodless highrise that evoked more and more public opposition. However, it was particularly the mindless attacks on old city centres and residential areas which would finally lead to a veritable civil war in which the functionalism of old came to an inglorious end. The 'death of modern architecture' proclaimed by Charles Jencks in 1977 was greeted with joy internationally.

■ The criticism prevalent round 1970 was in no way new. In the Nether-lands an exhausting debate had already raged in the thirties about the alleged shortcomings of the Modern Movement. Between 1945 and 1960 Dutch architecture was under the thumb of traditionalism.[2] There was no question of exchanging ideas, and it is only due to the postwar meetings of CIAM that in those years our country was not wiped off the map of architectural history entirely. This gave Jaap Bakema and Aldo van Eyck the opportunity to define their position in the tradition of the Modern Movement.[3] Partly through his partnership with J.H. van den Broek Bakema has never completely broken with the idea – formulated before the war by the architectural groups 'de 8' and 'Opbouw' – that architecture is inseparably bound up with the housing issue and town planning. Van Eyck soon realized, however, that architecture cannot survive in a world dominated by bureaucratically minded officials.

■ When Gerrit Rietveld celebrated his seventieth birthday in 1958, Van Eyck painted an extremely sombre picture of the situation. The bodies of ideas held by the avant-garde, he stated, had been diluted to an 'idiotic masquerade of form' produced in 'architect factories' under the supervision of hacks perpetually in conference who had themselves long forgotten how to draw.[4] On this occasion Van Eyck still felt that the cause of the debacle should be sought 'in the overestimation of the ratio'. Four years later he pointed out a deeper-rooted problem; that of the 'concealed client'. The fundamental argument then was that architecture designed for the authorities is by definition inferior. The bureaucracy can only formulate an 'unrecognizably mutilated and indescribably biased' brief 'to the utter disaster of the millions who get dished up the absurd results to live in them in a dished-up way – not as people but as "population"'.[5]

■ The crisis undergone by functionalism in the sixties and seventies indeed illustrates tellingly that the development of architecture is dependent to a high degree on clients who are creative or at least inspiring. When the meddling of the welfare state began showing increasingly totalitarian traits it became more and more difficult for designers to escape the large-scale sameness that bureaucrats the world over are so in love with. In housing, and more so in urban design, there emerged a rigid system of budgeting, regulations and legislation in which ultimately there was no room left for architecture.

■ Even the outward appearance of trade and industry, with its often charming technological and ideological idiosyncrasies, was given a professional close crop and squeezed into the straightjacket of the 'functional city'. Heavy industry disappeared from the cityscape alto-gether, while in Rotterdam and Amsterdam the docks industry moved to the periphery. What was left gradually acquired a uniform look. 'Corporate identity' was taboo in those years and the 'low profile' made progress. The office building evolved into a thoroughly anonymous scheme that could be ordered by the square metre. Despite all these attempts to curb the dynamism of the modern metropolis, the develop-ment of industrial society stagnated barely if at all. The hibernation by architecture was compensated for by other sectors of the mass culture, in particular the car industry and the medium of television.

■ The significance of motorized traffic for the modern city was recognized by the avant-garde from the beginning. The Voisin 14 CV of Le Corbusier is even inseparably linked to its history.[6] After the war the automobile soon developed into a reliable and comfortable mode of transport, which through the rising prosperity and ever improving production technique came during the course of the sixties within the financial reach of almost every Dutch adult. More or less at the same time, a television set arrived in the living room of the average family. This meant that, say, the first moon landing in July 1969 could convince many that the possibilities of technical ingenuity were virtually without limit. The car, television and finally the aeroplane brought to an end the period of postwar reconstruction, and all attempts to get the genie of the metropolis back in the bottle. 'For the concept of the modern metro-polis', as Karl Scheffler remarked as early as 1913, 'it is not the number of inhabitants that is decisive but the prevailing spirit of the metropolis'.[7]

■ In 1979, when Jan Benthem and Mels Crouwel decided to combine their talents, the Dutch public was already getting quite used to living in an open and explicitly urban society. The opinion of the village priest and the vicar was asked but seldom, and socialist moralizers were heeded less and less. In spite of the proverbial calvinist national spirit people began to take more pleasure in the increasing supply of means for making life more agreeable. And so it happened that the architectural firm of Benthem Crouwel – originally with A. Wiersma as a third partner – was launched in fortunate circumstances. The time was ripe for a new and preferably unrestrained vision of architecture.

■ An initial opportunity for Benthem Crouwel to present themselves arrived at the end of 1979 when a competition was held for a fictional extension to the municipal hall at Usquert in the province of Groningen. The intention was to commemorate the fiftieth anniversary of this design by H.P. Berlage with a gesture to stimulate discussion on the architectural platform in the Netherlands. The work of Berlage, the father of Dutch modern architecture, is steeped in the architectural problems that needed solving between 1890 and 1925. Opinions about Usquert Municipal Hall vary, yet this building too is representative of the balance Berlage sought between tradition and modern functionalism. It therefore formed a first-rate touchstone for the ideas about design prevalent at the end of the seventies. All competition entrants were confronted by Berlage's building with the question: what is my connection with tradition in architecture and what do I think about 'functionalism'?

■ Judging by the number of entries it was an extremely topical issue. After the dramatic demise of the Modern Movement young architects were indeed faced with the difficult choice between 'architecture' and 'building' – the choice which had to be made round 1930 also, when Berlage publicly distanced himself from the Modern Movement.[8] The entry by Benthem Crouwel bearing the motto 'usquert' was an unambiguous choice: the design respected and underscored the inviolable significance of Berlage in Dutch architectural history and made clear the impossi-bility of building a modern municipal hall using Berlage's means. The extension consists of an elongated box of steel and glass that flanks the original building – not provocative nor deferential, but simply as a reincarnation of the pursuit of objectivity.

■ The panel of judges gave the design an honorary mention above all because of their high estimation of the way in which the extension had 'greatly strengthened' the original Berlage image. This observation does insufficient justice to the architectural choice that preceded the planning solution, yet it is undeniably correct. Because Benthem Crouwel had first reached the conclusion that the modern municipal hall should be a steel and glass box, they had also managed to strike the right planning balance between the village centre, the hall, the extension and the surrounding countryside. In 1925, aided by an analogous train of thought, Cornelis van Eesteren had made his prize-winning design for Unter der Linden. Once he had reached the conclusion that development in the centre of Berlin would by definition consist of tall office blocks above a shopping street, he was able to create a perfect urban balance between the monumental part of Unter der Linden east of Friedrichstraße and the projected development between Friedrichstraße and Pariser Platz.

■ On this occasion Van Eesteren chose the motto 'Gleichgewicht' (balance), as he considered the balance between old and new to be of the utmost importance for the future city. The secret of this balance, as his accompanying text explains, lies not in the similarities of old and new but in the dissimilarities: it is a balance of contrasts. The 'usquert' competition design likewise illustrates a balance of architectural contrasts

1
M. Tafuri and F. Dal Co, *Modern Architecture*, New York 1979, 340 and 352.

2
J.H. van den Broek, *Uitgevoerde werken van bouwkundige ingenieurs*, Amsterdam 1956.
J.P. Mieras, *Na-oorlogse bouwkunst in Nederland*, Amsterdam 1954.

3
Ed Taverne, 'Ambities in de Nederlandse architectuur 1948-1959', in *Hoe modern is de Nederlandse architectuur*, Rotterdam 1990, 23-59.

4
Aldo van Eyck, 'De bal kaatst terug', in *Forum* 13 (1958), no. 3, 104-111.

5
Aldo van Eyck, 'De verkapte opdrachtgever en het grote woord "neen"', in *Forum* 16 (1962), no. 3, 79-80.

6
Stanislas von Moos, 'Le Corbusier und Gabriel Voisin', in S. van Moos and C. Smeenk (eds.), *Avant Garde und Industrie*, Delft 1983, 77-103.

7
Karl Scheffler, *Die Architektur der Großstadt*, Berlin 1913, 3.

that leads to the only practical planning solution. The urban culture Berlage wished to attest to in Usquert is transformed in Benthem Crouwel's design into the essence of the design task. They show that Berlage had not been a Don Quixote and that the 'Großstadtgeist' or spirit of the metropolis is still active in the Netherlands.

■ It is fairly unlikely that the similarities between the Usquert commission and the problems of Unter der Linden exerted a direct influence on Benthem Crouwel and the judges' verdict. More likely to come to mind is Rem Koolhaas. In 1978, with his book *Delirious New York* and his competition design for extensions to the Dutch Parliament in The Hague, Koolhaas brought to an end the triumphal procession of 'building for the neighbourhood' and the attendant neo-socialist mumbo jumbo. My designs, says Koolhaas, 'are polemical demonstrations that aspects of modernism, both American and European, can be made to co-exist with the historical core, and that only a new urbanism that abandons pretensions of harmony and overall coherence, can turn the tensions and contradictions that tear the historical city apart into a new quality. The projects celebrate the end of sentimentality'.[9]

■ Bakema, who during the last CIAM congresses had already witnessed how architectural history is made, must have immediately understood that the writing on the wall, in the first instance by Koolhaas, was of fundamental importance. Further he also saw, as a member of the judge's panel with a deciding vote, the affinity between Koolhaas's metropolitan vision and the audacious gesture sent in for Usquert by Benthem Crouwel. This affinity concerns the underlying principles, not the form. For Koolhaas the significance of the form is priority number one, whereas Benthem Crouwel's interest is primarily in the structural and functional aspects of form. Koolhaas's look at the Randstad (the conurbation comprising Rotterdam, Utrecht, Amsterdam and The Hague) is detached and preferably from the air, but Benthem Crouwel are directly involved with the major discomforts and minor joys of life in that conurbation. What Koolhaas and Benthem Crouwel do have in common, also with Berlage and Bakema, in an intense love of the metropolis and of an architecture that is neither rustic nor sentimental.

■ The most simple and probably also the best way of cataloguing the work of Benthem Crouwel was invented at the beginning of the thirties, when the Dutch wing of CIAM formulated the concept of the 'functional city'. This idea was derived from the historic development of the city in the twentieth century and became more and more sharply defined by such writers as Karl Scheffler and Ludwig Hilberseimer.[10] The radical reduction of city life to four elementary functions, namely Dwellings, Work, Transportation and Recreation, issued from the experience Van Eesteren had gained in Amsterdam. This model naturally does not measure up to the complexity of human existence yet it nonetheless offers a lucid framework with which to analyse buildings in an urban context. The Randstad plays a prevailing role, but all real differences – insofar as there were ever differences – between the Randstad and the rest of the Netherlands have now vanished. The spirit of the metropolis dominates daily life everywhere, and for Benthem Crouwel the main issue is how the modern city-dweller lives, works, relaxes and gets around.

■ Until recently this question used to be answered down to the most absurd details by officials at various planning departments. Allocation plans and building regulations gave the architect no chance of escaping from the path trodden flat during the fifties and sixties. Jan Benthem and Mels Crouwel should count themselves lucky that the days of this bureaucracy were numbered when they scored their first success with 'usquert'. The design with a clear signature has been honourably restored in recent years, with positive consequences for society's appreciation of architecture, and if this development continues the Randstad is going to look more and more like a normal city. Architects know no more than anybody else how the ideal state should be built and they make mistakes too, but the work of individuals is by definition closer to life itself than the greatest common denominator fixed by a collective body.

■ Now that it has become clear, after four fairly ineffective reports on physical planning in the Netherlands, that the urbanization process is too complex for signposting by officialdom, the architectural design once more has the task of dictating the appearance of urban space. It

has had this task for centuries, and it is perhaps reassuring to think that the large nineteenth century cities were built by railway engineers, architects and, last but not least, project developers. Whoever leaves the Gare du Nord in Paris is confronted with one of the most imposing cityscapes in Europe: majestic and compelling because it makes no concessions to those who don't like stations, and as little to those who don't like large hotels and broad boulevards full of traffic. The work of Benthem Crouwel expresses the conviction that it is possible to reactivate this magic spell.

Living in the Randstad

■ Already in the seventeenth century Holland was the most urbanized country in the world, but the Dutch prefer to ignore their own urban culture. Since Amsterdam's concentric rings of canals were built up in part during the Golden Age, the urban dwelling house has never regained the quality required for mention in the history of architecture. In the Randstad we can find nothing comparable to Georgian London or the Paris of Haussmann. While Hermann Muthesius, Frank Lloyd Wright, Le Corbusier and Mies van der Rohe concentrated on designing the suburban villa taking as their springboard the English country house, the development of Dutch architecture has been dictated by the worker's dwelling. This is why the more luxurious town house is a fairly unusual phenomenon in the architectural history of the Low Countries, and it is gratifying that Benthem Crouwel have already made various designs for this sector of the housing market.

■ Whereas many of their generation are seeking a historicizing post-modernism Benthem Crouwel are trying to give shape to a post-socialist modernism. On relinquishing his professorship at Delft Rem Koolhaas referred to the need to make clear the consequences of the demise of socialism for architecture.[11] The work of Benthem Crouwel gives some indication: there are other clients, there is investigation into the possibilities of unconventional building techniques and, implicitly a least, there is a return to the basics of architecture – not the problems of classicism but the aesthetic possibilities of steel, glass and concrete. The role of the design in social life once again gives food for thought.

■ When Benthem Crouwel were confronted, within the framework of their first commission, for Jager House, with the reality of the building world, and above all with a contractor whose estimate was on the large side, it dawned on them that inspiration is fine at times, but that realism and craftsmanship are indispensable. After all, grand ideas are of little use to the client if they don't fit within the budget. Jager House is a fairly eye-catching yet basically simple house in a magnificent setting in an elderly villa district of The Hague. The surrounding buildings belong stylistically to the most nebulous and chaotic period in the history of the Dutch town house. The book that J.H.W. Leliman published on this subject in 1920 gives a representative picture.[12] So there was no inducement on Benthem Crouwel's part to make contextual gestures; furthermore the clients had expressed a preference for modern architecture. They wanted a comfortable house with an exercise room, and without the stuffy snugness that gives many Dutch villas such an unpleasant feeling of retirement age.

■ During construction and immediately on completion the neighbours made known their appreciation with such comparisons as 'bathhouse', 'prison', 'spaceship' and 'white box' – not that inaccurate on reflection. After an expert had explained in a widely-read evening paper that Jager House should be placed under the heading of Architecture, peace returned to the neighbourhood, yet the design is still known as the 'white box'. It is indeed an elongated box two storeys high of sandwich panels cladding a steel skeleton, and open on one side only, to the garden. The comparison with a spaceship is explained by the oval portholes in the otherwise blankwalled side of the box and the epithet 'prison' in this case means optimum privacy. The kinship with a bathhouse is less clear, but if it meant taut, neat and functional then it would seem that those first critics had indeed used their eyes. It is simply difficult to appreciate at first sight a house that rejects all the prevailing sociology of building and dwelling.

■ Through the directness with which the spatial programme is expressed, Jager House may vaguely bring to mind the villas Mies van der Rohe

8
Manfred Bock, *Anfänge einer neuen Architektur*, The Hague 1983, 45-
J.B. van Loghem, *bouwen-bauen-bâtir-building*, Amsterdam 1932.
9
J. Lucan, *OMA – Rem Koolhaas*, New York 1991, 162.
10
Ludwig Hilberseimer, *Groß-stadtarchitektur*, Stuttgart 1927.
11
Rem Koolhaas, untitled, in *Hoe modern is de Nederlandse architectuur*, Rotterdam 1990, 19.
12
J.H.W. Leliman, *Het stads-woonhuis in Nederland*, The Hague 1920.

built in the twenties and thirties, but other than the work of Mies it recalls nothing of architectural theory from the previous century. For Mies van der Rohe the shadow cast by the nineteenth century was still something very real, not only in the form of extremely rich clients, but also in the torturing dilemma 'Berlage or Behrens?'.[13] Such a question has no concrete significance whatsoever for Benthem Crouwel. Not only do they reject the use of historicizing stylistic resources; equally, the rationalism of Eugène Viollet-le-Duc, Gottfried Semper and P.J.H. Cuypers is to them merely a historical curiosity. The tradition of architectural theory, reduced by the architects of the Modern Movement to a residue, is in their work implicitly present only.

■ The second house in the series, Benthem House in Almere, has caused quite a stir, probably because it shows even more than Jager House that building and living in suburbia can be particularly exciting. In Almere the issue was a competition which specifically requested an original view of living in the new polder town. Consequently entrants could deviate from the normal building regulations. For the ten chosen entries a parcel of ground was made available for a period of five years, which meant that the house had to be demountable. Fired by this unusual programme Benthem Crouwel set out to design a house with a minimum of means. The result is so startling as to render speechless all who see it: it is a paradoxical fact utterly detached from architecture yet which revives, unmistakably, architectural thinking in its purest form. Benthem House is the 'primitive hut' – the mythical beginning of building.[14]

■ Benthem Crouwel are not into theorizing and are utterly averse to anything even vaguely smacking of an architectural mystique. In their eyes Benthem House is nothing other that a constructional experiment that came in extremely handy in connection with the customs houses designed at roughly the same time. It is precisely because the designers had a greater interest in the purity and logic of the design process than in the aesthetic result, that an art work has emerged, demountable and inhabitable, that in an utterly unrestrained fashion attests to a readiness to accept the modern world as a fact.

■ In view of how Benthem House was designed there is fairly little point in searching for comparable houses in architectural history. What matters here is the intentions of the design, not superficial similarities. Le Corbusier designed a few weekend houses, among them Les Mathes of stone and wood with a roof of Eternit corrugated sheet, which may be described as elementary. On Long Island, New York, Lawrence Kocher and Albert Frey erected an out-of-town house that in terms of both minimization of the brief and reduction of material recalls Benthem House.[15] At the time, Bakema was quick to note how De Braamakkers near Loosdrecht – a holiday cottage by Gerrit Rietveld knocked together out of rustic planks, steel windows and thatch around a curved rear wall – tried to point the way towards a less doctrinaire interpretation of the Modern Movement in which the poetry of designing was given a clear field.[16] Real architecture, it seems, has no need of stylistic labels. The house Charles Eames built for himself and the Case Study houses of Pierre Koenig in Los Angeles, the Maisons Jaoul of Le Corbusier in Paris: all are allied to Benthem House, through an unwillingness to compromise with the building world and the narrow-mindedness of lower middle-class life.

■ Benthem House stands as a technological miracle in the last polder to be reclaimed from the Zuider Zee, like a spacecraft that may not be there tomorrow. The beauty of the fifty metre high and thirty metre wide pylon for 380 kV high voltage cables in the background forms a perfect décor for Benthem Crouwel's vision of building today. And so finally something has been realized of a dream that has largely gone up in smoke in the last sixty years. There was a time when functionalist circles nurtured the hope that a kind of New Netherlands would be created in the Zuider Zee polders, but already as the thirties began it was clear it would turn out otherwise. In the summer of 1933 C. van Eesteren, B. Merkelbach, W. van Tijen and L.C. van der Vlugt took part in an excursion to the Wieringermeer Polder. There they found imitation old Dutch villages and were indeed disappointed. Wandering around Middenmeer their eye was caught by the waiting buses that had brought them there: 'how light, tenuous and natural these looked in the landscape'.[17]

■ No-one can deny any longer that Almere is a suburb of Amsterdam, and from Utrecht too there are avaricious looks cast in the direction of Flevoland, where there is still space for a Randstad that is becoming more and more crowded. Though Benthem House is too experimental for the everyday practice of Dutch domestic construction, the design and the task set by the competition are signs of the times nonetheless. In the near future those living in the Randstad will have to get used to rapidly expanding suburbs with an increasing number of freestanding 'family' houses. A large number of these houses will of course come from the shelves of the building industry, yet the growing demand for luxury commodities may lead to a greater appreciation of architecture, also in suburbia. This development will contribute to the quality of urban planning in the Randstad. In this context it can do no harm, perhaps, to consider that the cultural basis of the German Werkbund was formed not only by design and factory architecture but also by the villas then being built in the suburbs of Berlin.[18]

■ After the two preceding exercises in steel, glass and sandwich panels Nieuwland House in Rotterdam forms a structural surprise. For it is made of sand-lime brick with concrete lintels and floors. These are conventional materials used everywhere in domestic construction. In all other respects, however, this house too is anything but a cliché; even the sand-lime bricks are used to work wonders expressed with an architectural freshness in the piers. As a rule, structural walls of sand-lime brick are clad with clinker bricks – nothing, indeed, could be more old-fashioned and solid. As thermal insulation is already guaranteed by the cavity, filled with mineral wool or suchlike, the exterior wall of the house really only needs waterproofing. For this Benthem Crouwel chose enamelled glass. Because the window glazings occupy the same plane as the enamelled glass and fit into the modular system, we can justifiably describe the result as a most consistent application of curtain walling.

■ The Kralingse Plaslaan, overlooking a large sheet of water in the north of Rotterdam, is something of an open air museum for Modern Movement architecture in Rotterdam. Any architect building a house here will be aware of the fact that J.A. Brinkman, L.C. van der Vlugt, W. van Tijen and H.A. Maaskant are watching over his shoulder. It must require a large dose of self-confidence not to feel nervous in the presence of a planning authority thus constituted. Nieuwland House, however, shows that Benthem Crouwel may claim an informal relationship with the monuments of the Dutch Modern Movement. Only the strip window in the living room on the first floor, presenting a view of the lake (Kralingse Plas) across the entire breadth of the house, refers explicitly to the twenties. Otherwise, the similarities are on a more abstract level: after all, the absence of a pitched, tiled roof these days cannot be termed a remarkable architectural occurence.

■ Like the leading architecture of the twenties Nieuwland House is audaciously modern, in the way that Benthem House reminds us of Van Tijen's Bergpolderflat apartment block. Benthem Crouwel have built a house that within a reasonable budget meets a programme by no means austere but not exuberant either. Anyone worried about the future of the Randstad might wish that this, in one way or another, could dictate the architectural norm for 'everyone's house – soon', as Van Tijen, with his unshakeable faith in the future, said on one occasion in the fifties. Nieuwland House, too, illustrates faith in the future. It is perfectly detailed and offers its inhabitants a reasonable amount of moving space. It reflects good taste and the wish to enjoy life. This house has nothing in common with the houses of Hermann Muthesius in Berlin; there is only a sociological affinity between the clients, namely the conviction that living in the city can be a pleasure.

■ The housing block on Van Soutelandelaan in The Hague was designed for the firm of Wilma Vastgoed BV. Commissions of this nature place the architect in a fairly difficult position. The true clients, the future buyers of the dwellings, are unknown and the brief is thus formulated by the marketing department, consisting as it does of anonymous 'experts'. These are almost impossible to influence, as the normal dialogue with a client who becomes increasingly involved with the design is lacking. The architect is engaged to give form structurally and aesthetically to a certain number of square metres of living space in a specific sector of the housing market – in such a way that it is established beforehand

13
Fritz Neumeyer, *Mies van der Rohe. Das Kunstlose Wort*, Berlin 1986.
14
Joseph Rykwert, *On Adam's House in Paradise*, New York 1972.
15
Alfred Roth, *La Nouvelle Architecture*, Zürich 1948, 11-16.
16
J. Bakema, 'De vrije vorm', in *de 8 en opbouw* 12 (1941), no. 8, 106-107.
17
C. van Eesteren, B. Merkelbach, W. van Tijen, L.C. van der Vlugt, 'Bebouwing Wieringermeerpolder', in *Tijdschrift voor Volkshuisvesting en Stedebouw* 15 (1934), no. 1, 6.
18
Julius Posener, *Berlin auf dem Wege zu einer neuen Architektur*, Munich 1979.

that it will be marketable housing.

■ No matter how large the budget per dwelling unit may be, this remains a restricted commission. And yet in all the large cities of Europe quite presentable if not attractive areas have been realized along these lines. Because it involves pretty well standardized domestic construction, and because the individual wishes of the future inhabitants are not known, the urban context becomes particularly significant. Both Georgian London and the Paris of Haussmann derive their charm from a strict typological order. At the beginning of this century W.C. Behrendt formulated a theory for the architecture of the enormous blocks of expensive apartments being built in Berlin at that time.[19] In the Netherlands, however, no-one has ever taken the trouble to make a comparable analysis of the apartment buildings erected during the twenties in The Hague. Even the urban significance of the Amsterdam School has yet to be properly explained.

■ With the house on Van Soutelandelaan Benthem Crouwel have tried to revive the tradition of Hague housing. Brick facades that delight the eye recall such work by C. Brandes, W. Verschoor and J. Wils, but the plans of J. Duiker and J. Wiebenga for the Nirwana flats may also have served as a source of inspiration. Benthem Crouwel have at all events done all they could to find within the confines of the commission an optimum balance between Hague tradition and modernism. The combination of white glazed brick, stone, steel windows and roomy balconies has produced a satisfying whole of old-fashioned chic and functional construction. The three entrances on the northwest side of the building indicate the same intensions. The curved canopies form a welcoming gesture that is familiar from hotels, one which occupied Albert Boeken too when he designed the Apollo Hall – yet at the same time the boundaries between inside and outside are marked with razor-sharp precision by the two glazed partitions separating the public domain from the hall affording access to stair and lift.

■ The relation Benthem Crouwel enjoy with the Modern Movement, which in the above plays a passing role only, becomes a dominant factor in Crouwel House. For the first chapter in the history of this house was already written in 1951 by Jan Rietveld, son of Gerrit Rietveld, under the title of Klein House.[20] Then, Rietveld Jr. designed a house that certainly lived up to its name (klein = small) for a parcel of land in an utterly idyllic spot in the mediaeval polder landscape west of Utrecht. Tienhoven is a fine remnant of the sublime planning order so tellingly described by Karl Scheffler in his book *Holland*.[21] Jan Rietveld tried at that time to realize as best he could on a minimal ground plan the ideals of the 'rational home'. In this he succeeded above all in the first-floor living room, immediately below the curved roof. Here Jan Rietveld demonstrated that the quality of architectural space indeed has nothing to do with the number of square metres.

■ Mels Crouwel bought Klein House, possibly in a burst of professional concern for the well-being of the work of his teacher at Delft. Moreover, the landscape round the house is precisely that pastoral paradise which inhabitants of Amsterdam have in mind when weighing up the charms of living in the country against the facilities on hand in the city centre. There is, however, no question of a real difference between city and country, for Utrecht and Amsterdam form part of daily life in Tienhoven. Subsequently Benthem Crouwel were faced with the task of turning this forty year old country house in the suburbs of the Randstad into a modern urban dwelling house. The restoration of Klein House was safe in the hands of these former pupils of Jan Rietveld, but was it possible to add anything to this design without disturbing its singular compactness of plan and volume?

■ Benthem Crouwel turned to a solution that brings to mind the 'usquert' competition entry. A more or less independent 'Crouwel House' was erected in steel and glass, giving rise to a duality of designs that plainly differ. And yet the proportions are sensitively attuned to one another: the northwest facade, for example, shows clearly how Crouwel House supplements the original design. The element linking the two pavilions comprising Klein-Crouwel House – the axis of the whole – is formed by the entrance. To exploit every available square centimetre and possibly also to give some emphasis to the front door, Jan Rietveld accommodated the hall, with adjoining space for storage and heating, in a section built

on to the northeast corner of Klein House. The contour of this section formed the springboard for Crouwel House, and the hall now links old and new.

■ With this, their most recent house, the work of Benthem Crouwel seems to have become more complex. In principle we are still dealing with a perfectly detailed box of steel and glass – this, indeed, is the fundamental issue of modern architecture – but in Tienhoven there is an attempt to add something which does not rest on functional arguments alone. Like his father, Jan Rietveld had an almost infallible intuition for light and shadow: the living room of Klein House is a softly sparkling gem. Benthem Crouwel have always aimed for a purely functional distinction between wall plane and window opening, but the brick wall in the above-mentioned northwest facade clearly marks a violation of this principle. For Benthem House, after all, had shown that privacy can be protected by venetian blinds. The presence of the brick wall naturally derives from Klein House and indeed greatly benefits the unity of old and new, yet it seems as if with this modest wall Benthem Crouwel want to make clear that they are quite aware of the aesthetic limitations of purely functional solutions. This was already evident in Rotterdam and in The Hague, yet it is remarkable to see how in this body of works a few square metres of brick can acquire such significance.

Mobility and work in the Randstad

■ Because dwelling is the most complex cultural activity man has developed, the dwelling house will always have a poetic surplus value over service buildings and industrial architecture. The observer remains conscious of the fact that the house is not only a machine for living in but also the place where parents and children share joys and sorrows; a house can be the scene of a birth or death and thus illustrates more than just a fortuitous accommodation. The most perfect antithesis of the house is probably the motorway petrol station. One's stay there is by definition brief and the traffic rushing by is a constant reminder of a destination further on. The tank is filled, the vehicle's occupants perhaps stretch their legs and the journey continues – it is a stopover that usually leaves not the slightest memory.

■ In 1980 Benthem Crouwel were commissioned by the Ministry of Housing, Physical Planning and Environment to design a number of buildings for a customs house on the A1 near Oldenzaal. In subsequent years similar commissions followed for several other such posts. A customs house can be regarded as an upgraded petrol station. Heavy transport in particular has to go through a series of administrative operations, possibly supplemented by load control, but the time spent there by the driver and particularly by the rolling stock has to be kept to a minimum. The best possible working conditions for the staff are a further obvious requirement.

■ Benthem Crouwel seized this commission as an opportunity to develop a series of building types characterized by lucid structures and a strictly utilitarian nature. They themselves regarded this work as a highly necessary supplement to their training in Delft which tackled the problems of architectural space but never taught how everything fits together structurally. The upshot of this exercise in the use of building materials – office buildings, large-span roofs, garages, sheds and a system of shelters – is that in the Netherlands and even in England the idea has taken root that Benthem Crouwel want to be seen as High-Tech architects. This is an observation that says little about their work – and what little it does say is incorrect – yet it does underscore what we already know: that the Netherlands is still building in brick. Benthem Crouwel are doing nothing other than exploiting in an intelligent and economical fashion structures and materials that had been described as early as 1959 by Konrad Wachsmann.[22]

■ High-Tech is a style recognizable by its use of certain stylistic means, means which occur rarely if ever in the work of Benthem Crouwel.[23] Characteristic features of High-Tech include exposing the services, preferably in primary colours, on the outside of the building. We can search for such phenomena in the customs houses in vain. Functions needing no daylight are housed in blankwalled cores – something, incidentally, that gives the office building at Oldenzaal the structural stiffness it demands. High-Tech is further distinguished by structural

19
W.C. Berendt, *Die einheitliche Blockfront als Raumelement im Stadtbau*, Berlin 1911.
20
P. Salomons and S. Doorman, *Jan Rietveld*, Rotterdam 1990, 38-43.
21
Karl Scheffler, *Holland*, Leipzig 1930.
22
Konrad Wachsmann, *Wendepunkt im Bauen*, Wiesbaden 1959.
23
Charles Jencks, 'The Battle of High-Tech', in *Architectural Design Profile* vol. 58 (1988), no. 11-12, 19-39.

extravagance, whereby it seems to have been forgotten that Russian Constructivism was more ideologically than architectonically inspired. This stylistic means is anything but typical of the new customs houses. Steel is indeed used, but not in the emphatic and insistent fashion peculiar to High-Tech.

■ Benthem Crouwel have done nothing to hide their admiration for the work of Norman Foster and, to a lesser extent, Richard Rogers, yet the customs houses are real proof that they are not interested in High-Tech as a style. Certainly compared to the well-nigh bizarre and often extremely expensive buildings that pretend to embody the technical wonders of the century, their work must be classified as subdued, modest and easy to maintain. It is not, however, boring. The border posts admit to no great architectural pretensions, yet are nonetheless representative of the desire to finally bring to an end the cheese, clogs and windmills image stigmatizing our country. Whoever drives into the Netherlands by way of one of the new customs houses will then not be surprised than no-one walks around in clogs and that virgin polder landscapes of the seventeenth century are now only to be found in the Rijksmuseum in Amsterdam.

■ The building for MORS system ceilings in Opmeer is in some respects the apotheosis of the series of designs that began at the borders of our country. Opmeer is found in the province of Noord-Holland, even further north than Alkmaar, and anyone going to see this building is truly taken unawares by the sheer extent of the Randstad periphery.[24] The journey north from Amsterdam takes the traveller through a landscape in which virtually every stage of urbanization can be studied; even the village of Opmeer has its own industrial area. Here Benthem Crouwel have demonstrated, in fruitful consultation with the clients, that even the most modest of budgets can produce an industrial building of great beauty.

■ The building, once again of steel and glass, consists of two parts literally tucked one into the other, like a half-open matchbox. Both functionally and structurally this design is a model of crystal-clear simplicity. The combination of showroom, office space and storage zone customary for such firms is expressed by combining a glass box with a blankwalled one of ribbed steel. Ten framework trusses of extreme elegance hold all these elements together. The three trusses forming the skeleton of the showroom and office space are visible from outside, so that even at first glance the building leaves no doubt as to how it fits together and how it is used.

■ Benthem Crouwel have no desire to relate every detail in their work via a complicated genealogy bristling with architectural fireworks all the way back to Vitruvius. Yet after visiting MORS system ceilings Mels Crouwel could not resist remarking that as a demonstration of a minimal and intelligent use of material the building could bear very favourable comparison with the Lotus Seven. The Seven is a legendary design by Colin Chapman from 1957; a space-frame chassis with four wheels, mudguards, an engine and two rockhard seats – the car in its most basic form. This comparison is typical. The Lotus Seven will no doubt never gain a place in architectural history, but the designer who wants to match his work against this pinnacle of purely structural and functional thinking is not exactly making things easy for himself. MORS system ceilings is, like the Lotus Seven, a design for lovers of pure efficiency, without stylistic frippery, and it is gratifying that the building has received the attention it deserves, also internationally.[25]

■ The Hojel project in Utrecht in all likelihood marks a major boundary in the work of Benthem Crouwel. With this design they made abundantly clear that large-scale architecture, combined of course with the attendant planning problems, had in no way escaped their attention. This design study was prompted by a limited competition (held by Nationale Nederlanden and Koninklijke Jaarbeurs) for a solution to the chaotic area west of Central Station in Utrecht. Here Croeselaan and the former Hojel army barracks form a physical barrier between the Industrial Fair complex or Jaarbeurshallen and the pedestrian passage leading to the station. Moreover, the present square (Jaarbeursplein) is an extremely dreary assembly point of nebulous functions; indeed, as Benthem Crouwel hold, little more than the rear entrance to the Hoog-Catherijne shopping complex.

■ Commencing from the fact that the Hojel barracks will disappear, the clients requested a development plan that would supply a building for wholesalers, very many square metres of office space – for both the free market and the Industrial Fair itself – and a high-quality urban link between the station, the Jaarbeurshallen and the new development. What strikes one about Benthem Crouwel's solution to this complex problem is the clear distinction it draws between architecture and planning. In Hoog-Catherijne the intention was to create urban space within a vast complex of buildings – this is a mistake Benthem Crouwel have carefully avoided. Their design is built up round a recognizable and thus pleasant city space, namely a park above a two-storey car park and at the same level as the pedestrian route across the station. The volume called for in the brief is subsequently arranged in a balanced layout round the park.

■ Benthem Crouwel's idea of breathing new life into the traditional city park by making it the roof of a car park is perhaps difficult to realize – the clients, at least, saw no possibility of doing so – yet it is nonetheless a suggestive compromise between present-day business district formation and the reawakening interest in the charms of the nineteenth century city. The area west of Utrecht Central Station is typical of the urban planning problems being wrestled with everywhere. The small-scale dwelling and working of the previous century was first left to rack and ruin and subsequently cleared away; however, it was a case of pride going before destruction. For now there are gaping voids everywhere, characterized by drab concrete, cars and people who for one reason or another have lost their way; but precisely when it is needed urban planning has no answer. In these circumstances the Hojel design by Benthem Crouwel can be regarded as an interesting proposal to bring the disrupted relationship between urban space and architecture back into equilibrium.

■ The scale and the complexity of that project, however, are modest in comparison with the commission which Benthem Crouwel are now working on in collaboration with NACO (Netherlands Airport Consultants) for Amsterdam Airport, or 'Schiphol'. Their connections with the airport go back to the beginning of the eighties. Benthem Crouwel began there with various smaller designs, including an extremely slender bicycle shed which regrettably no longer exists. The bus station they designed in 1986, however, was a more ambitious project, completed with flying colours within the appointed time and during the winter months at that. The building, which again is no longer in existence, formed a temporary facility and therefore needed to be demountable. Steel and glass, the building material of Benthem House, were consequently a well-nigh obvious choice; the roof and floors are of multi-ply ribbed panels. The fully glazed walls with their characteristic glass stabilizing fins are suspended from the roof and the attachment at the underside permits movement, so that the floor, which is of an extremely light construction, can bend under load. The design probably forms a lonely pinnacle in the history of bus stations.

■ After that Benthem Crouwel became involved in the development of a master plan for Amsterdam Airport (Masterplan Luchthaven Schiphol 1989-2003). The intention of this extremely ambitious plan is to double the capacity of the airport, from 15 million to 30 million airline travellers per year. The facilities needed to accomplish this add up to a project of unprecedented magnitude. Benthem Crouwel have meanwhile made designs for a new terminal building, a new pier, a multi-storey car park for 6000 vehicles, an office complex and a new rail station. When the logistic problems of the traffic are added to the above, it is hardly exaggerated to compare it with the construction of a medium-sized town, albeit in a highly compact form.

■ Indeed, it is impossible to enter exhaustively into the functional cohesion of its component designs and the complicated phasing of the building process. Again, it is difficult discussing buildings that have yet to be completed or are still at the design stage. The West Terminal and the E pier are under construction, a definitive design for the car park is ready and work is now underway on the plans for the office complex and the rail station.

■ The West Terminal constitutes an independent extension to the existing terminal building, and is to cater in particular to passenger traffic to and

24
Archis 1991, no. 8.

25
C. Schulitz, *Constructa-Preis 1990*, Hannover 1990, 64-71.

from non-EC countries. It consists of several sections with a variety of functions. From the landside – the zone containing aircraft is called the airside – the approaching visitor is confronted with three separate departments: the arrival hall at ground level, the departure hall above it and rising above that, four levels of offices. The attentive visitor will for that matter continually find punctual signposting giving him the correct route to the required department. On the airside is the lounge, at the height of the departure hall, with the luggage handling department below. In section, departure hall and lounge present an enormous volume of steel and glass that gives access to the transport system bringing travellers along the longitudinal axis of the building and at roof height to and from the piers.

■ Although light incidence and acoustics are factors difficult to predict, it looks as if Benthem Crouwel have made successful use of the possibilities on hand to realize an ambitious design. Amsterdam Airport has an excellent reputation among international passenger traffic and the new terminal building will only add to this in the future.

■ A programme such as that for the E pier probably occurs but seldom in architectural practice – for it is utterly logical. Benthem Crouwel have exploited this stroke of luck by making a design that in fact needs no explanation because all the functions are immediately apparent. It is an elongated box with space on either side for four aircraft. Via the ground floor luggage is loaded and unloaded; above ground level passengers wait with a fine view of their imminent departure. The subdivision of this floor corresponds to the positions of the aircraft and the four sealed boxes of mechanical plant on the roof. The voids between these boxes mark the place of the open waiting rooms separated from one another by blocks of sanitary facilities exactly below the plant on the roof. What in fact is no more than a double series of four waiting rooms has thus become an elongated, sleek, lucidly articulated building – a truly flawless functionalism.

■ The projected office complex at Schiphol, 'P4', consists of four six-storey and four eight-storey towers to stand above the car park. The eight towers are linked into four units round double cores containing lifts, stairs and sanitary facilities. Motorists enter the complex from the car park to continue upward by lift. Visitors arriving by public transport – train, bus or aircraft – make use of the pedestrian walkway six metres above ground level, which is at the same time used by travellers leaving the car park to walk to the terminal. There is no need to walk, in fact, for it contains moving pavements. Situated above this pedestrian route is a second volume linking the eight towers: a 225 metres long, 36 metre wide hall, which under a gently curving roof provides space for many auxiliary functions serving the office complex.

■ Although the design may possibly be revised, it is now already apparent that on this occasion Benthem Crouwel are presenting the ideas developed for the Hojel project as a full-fledged design. The basic concept – four units of linked office towers and a multi-storey car park – remains essentially unchanged, but at Schiphol the various components enjoy maximum integration. Thus it seems that problems specific to an airport are able to accentuate an architectural task with favourable results. The correct solution is found by a painstaking analysis of the circulating streams of traffic. At Schiphol everything would go wrong if building there was done as it is in the average town, with no heed to the future balance between buildings and urban plan. Not only this office complex, but the airport Master Plan as a whole is a perfect example of how architecture and urban space should be attuned to each other. It must certainly be embarrassing for various large municipalities in the Netherlands that this lesson in elementary urban planning needs to be given by a profit-making concern.

■ Concluding the series of designs by Benthem Crouwel for mobility and industry in the Randstad is a combination of offices and hotel suites for the Wagon-lits company in the centre of Amsterdam, on the square before Central Station (Stationsplein). This remnant of a once open harbour front is one of the most curious squares in Europe. Its form has been shaped by happenstance and the frontage is extremely ragged, with the Church of St. Nicholas, Central Station and the former headquarters of the HIJSM (Holland Iron Railway Company) the most prominent buildings. Now under construction on the west side of Central Station

is a design by Benthem Crouwel which will alter the character of the square. Other new hotel buildings have already been built there but the hotel by Benthem Crouwel does not set out to look older than it actually is; nor, for that matter, does the station post office by P.J. Elling.

■ The office building beside the hotel has a different facade, but it is just as resolutely modern as well as taller by several storeys. Because there is in fact insufficient space on the site, the office building stands at right angles to the longitudinal axis of Stationsplein, thereby asserting itself forcefully in the urban space. This might have encouraged criticism if Stationsplein had been a carefully organized space. What in fact has happened is that the building line of the buildings along Prins Hendrik-kade, which before then had tapered off somewhat, is firmly terminated on the north side of the water, strengthening rather than weakening the shape of Stationsplein on the west side. In the more limited visual field the effect of the HIJSM stronghold gains in strength too. Between the two office buildings lies a century of railway and architectural history, which is stimulating enough; yet this dialogue between nineteenth and twentieth centuries derives its sharpness also from the surrounding urban fabric, the legacy of many centuries' industry and mobility in the Randstad.

Culture industry in the Randstad

■ The term 'culture industry', which may well have come from neo-marxist jargon, unfortunately has negative connotations. This is a pity, for it is an extremely concise way of conveying how cultural life is organized in modern society. What was once the domain of a privileged group, is now being made accessible with all available means to a wide public. When the 'functional city' was christened sixty years ago the word recreation largely meant strolls through parks of various sizes, and sporting facilities. These days, however, there is the need for a much wider programme of leisure resources, in which, moreover, the distinction between sport, amusement, tourism and culture is becoming increasingly vague. Recreation has become a product, supplied by a flourishing branch of industry: the culture industry.

■ In an age in which the museum building has become the pièce de résistance, as it were, of every collection, the museum designs by Benthem Crouwel are an exceptional phenomenon. They make no effort to erect a temple and remain faithful to their desire for a maximum of objectivity attained with a minimum of means. As a result their plan for the Netherlands Architecture Institute was doomed from the start. It seems almost as if Benthem Crouwel really did consider how they could make this institute invisible – not, needless to say, the idea behind the commission. Their realized museum designs show, however, that this restraint is part of their vision of the modern museum building.

■ The first design by Benthem Crouwel for the culture industry dates from 1985: the commission was to design an amusement pier for Vlissingen (Flushing). Architecturally the amusement pier is a fairly ludicrous item: the sea is infinitely large, so even the longest pier is by definition an object overwhelmed by its surroundings. Benthem Crouwel obviously did not solve this problem but managed to neutralize it somewhat by designing a pier strongly reminiscent of a submarine. The somewhat ridiculous idea of a building that tries to intimidate the sea was thereby avoided. The deck of this pier is completely smooth and empty, so that the image of the sea, the horizon and the sky is unaffected. The facilities for holidaymakers are housed in two tubes suspended beneath the deck. As a result the difference between ebb and flow is somewhat dramatic: at high tide one can down a soft drink face to face with the waves. Not only is the design highly original; it attests, as do the museum designs, to a great respect towards the object of the visit – in this case, the sea.

■ The pavilion for the sculpture exhibition in the park of the Arnhem country estate Sonsbeek, forms even in the work of Benthem Crouwel a potent example of their endeavours to achieve more with less. The temporary pavilion was intended to protect those sculptures most needing it against the elements; hence in practical terms the programme of requirements was extremely simple. If it had really been that simple, of course, the client could have saved money and hired a tent. The pavilion at Sonsbeek is more than a marquee, however. There were earlier pavilions built in 1955 and 1966, the first by Gerrit Rietveld, the second by Aldo van Eyck. So it would seem that the programme of requirements was complicated after all, or at least extremely delicate.

■ Rietveld set the trend with a design with which he gave both friend and foe to understand that only the architecture of the De Stijl movement was capable of harmonizing with avant-garde art. Ten years later Aldo van Eyck, possibly the only architect to succeed in learning anything essential from Rietveld, designed a pavilion that once again created a fascinating and atmospheric setting for the exhibited sculpture. Benthem Crouwel were faced with the difficult task of adding a third chapter to this account of architecture and modern art. They succeeded in creating with their favourite materials – almost entirely glass and glazing sealant – a pavilion which, itself avant-garde art, forces us to reconsider the rules and laws of architectural space. A design that renders itself almost invisible brings to mind the emperor's new clothes. It compels us to reflect on the issue of what architecture in fact is – an issue raised earlier by the De Stijl movement.[26]

■ Among Benthem Crouwel's activities in aid of the culture industry are three commissions for alterations, varying between a few simple modifications to the interior of a villa to radical changes of function with consequences for urban planning. This is a prevalent phenomenon. Through rapid changes in society many older buildings have become unsuitable for their original purpose. This is accompanied, however, by an increasing interest in preserving architecture that is distinctive or essential to its surroundings; and a new allocation for cultural activity is often the best solution. Sometimes minor adjustments are enough, but in other cases only the most essential parts of the existing building can be exploited in a new context. Whatever the case, the architect is faced with the anything but easy task of designing within the limited moving space provided by the existing object.

■ Overholland Museum on Museumplein in Amsterdam was originally a large freestanding house built in the twenties. The stylistic intentions of its architect are not entirely clear, but compared with the rest of the buildings around the square it can certainly be described as a fairly functional design. The house was bought by a private collector with the intention of exhibiting work from his own collection in combination with lent items. Unfortunately this unique initiative was not destined to last long because Amsterdam Municipality has lost the ability to make any distinction between amusement and culture and feels that Museumplein can be exploited as a fairground. After an escalating conflict around the continual obstruction to the entrance to Overholland the owner decided to close the museum.

■ Benthem Crouwel altered almost nothing of the building. A minor modification was made to the plan to aid visitor circulation, the incidence of light through the many windows was reduced and the entrance to the building was equipped to receive paying visitors. This was what made Overholland such a pleasant museum – it surrounded the exhibited art works with the intimacy of a private house. Benthem Crouwel's contribution is discernible in the meticulous detailing and in their love of glass. The dark tinted glass used at the entrance marks functional boundaries in the new spatial programme, while the more translucent glass in the window openings is in fact a reminder of the architecture of the original house. Here the designers, it almost seems, are exploring very cautiously the more Expressionist possibilities of glass which as architecture preceded the Modern Movement. At the beginning of the century tinted glass was much favoured, the climax being the Glass Pavilion by Bruno Taut at the Cologne Werkbund Exhibition of 1914. This fairytale world will never be revived, and yet in Overholland Benthem Crouwel have made effective use of the spellbinding material that glass can be.

■ The Thomas de Beer Complex in Tilburg presents a problem quite unlike that of Overholland. The core of the whole is the enormous factory hall of a former woollen mill. This building was bought by the Mr. J.H. de Pont Foundation to house a museum and a centre for modern art. Benthem Crouwel made a design for its conversion which would fully respect the industrial nature of the exhibition gallery. This was somewhat to be expected, for the large factory hall with its shed roof on simple steel posts is for lovers of unrefined objectivity a joy to behold. Round this magnificent exhibition gallery, however, much needs altering to to make the abandoned industrial areas in a worn-out part of the town attractive to future residents and visitors to the museum. Museum-related activities in the old factory require new facilities, and of course there are planning problems that need solving when renovating a city area with such a chaotic past.

■ A modern museum cannot function without catering facilities and a shop selling reproductions and books. The café when completed will in all likelihood be a perfect setting in which to contemplate the origins and future directions of modern art. As we all know, this is not the most relaxing of pastimes and consequently no single concession has been made here to the unwritten yet dreaded laws of Dutch 'cosiness'. This café provides the visitor with not only a table and chair, but also the somewhat nerve-racking mental space required when dealing with modern art. The entrance in combination with the shop area is a model of objective emptiness.

■ The surroundings of the new museum are characterized by an urban structure the result of uncoordinated urbanization during the beginning of the Industrial Revolution in the Netherlands. Though houses and factories were built on a large scale, the rural allotment system was still the only guilding principle. The resulting labyrinth forms a problem issue now that more and more old industrial buildings are being closed for good. It is near to impossible to radically alter existing street patterns, and perhaps this is undesirable now that the ideals of the 'functional city' are no longer subscribed to blindly. Tilburg Municipality has asked Benthem Crouwel to formulate certain planning principles for redeveloping abandoned industrial areas in the immediate vicinity of the old woollen mill.

■ For the triangle defining the planning area (Thomas de Beer Driehoek) Benthem Crouwel have made an urban plan that draws no clear-cut distinction between old and new. It is a demonstration of the possibilities superior architecture offers of creating a recognizable urban space in a nebulous planning situation. In cities that are built more or less according to plan, the perimeter block usually has a regular shape, and a clear distinction can always be made between the interior and exterior sides of the block. In Tilburg there is nothing whatever of such circumstances, nor have Benthem Crouwel tried to change this. The distinction between interior courtyard and public domain is as vague as ever. The new buildings, varied in form, fill the holes left in the city plan without introducing extraneous planning principles. The relation between built and unbuilt space is not sharply defined and remains informal. It is perhaps going too far to call it a historicizing design, yet Benthem Crouwel have clearly made every effort to conserve the remarkable mixture of rustic and urban aspects.

■ The Anne Frank Museum is a unique war monument famous the world over. Through the diary of Anne Frank the historic rear of the building or Achterhuis has become inseparably bound up with the vicissitudes of a family hounded and defenceless, forced into hiding to escape the death factories of the Third Reich. While this naturally raises the obligation to preserve the Achterhuis in perfect condition, the constant streams of tourists make this a horrendously difficult task. Thus the unfortunate situation has arisen in which the Anne Frank Museum, with its vast numbers of visitors and attesting to the dire need to combat injustice and tyranny, itself forms a threat to the Achterhuis.

■ To protect this war monument against its international fame Benthem Crouwel made a design that involves fairly radical changes. A true museum was in fact planned round the Achterhuis to give the stream of visitors the space so desperately needed. It is no easy task realizing such an extension in an Amsterdam perimeter block. The square metres required have been scraped together by linking the two canal houses on Prinsengracht at present housing the museum by way of an extension in the garden, with premises on the Westermarkt. For this extremely free-form site Benthem Crouwel designed a museum with the Achterhuis at its centre: the visitor follows a route which gradually unfolds a complete picture of interior and exterior.

■ The two houses on Prinsengracht, excluding the ground floor containing the entrance to the museum, are equipped with a permanent exhibition giving the predominantly young public a minimum of infor-

26
Peter Buchanan, 'Barely There', in The Architectural Review 1987, no. 9. 81-84.

mation about the Holocaust and the years that preceded it. Along the route taken by this exhibition, the different parts of the Achterhuis, which is also visible via the light court, confront the visitor with the oppressive reality experienced by Anne Frank. From the uppermost storey the visitor descends once more to the ground floor by way of a new stair tower leading to the new museum exit on the Westermarkt. This route leads the visitor through a gallery with temporary exhibitions in the garden, along the refreshment area and past the bookshop at the exit.

■ These new facilities and sufficient space – particularly on the stairs – for the circulating visitors present the Anne Frank Museum as a full-fledged modern museum. The most obvious expression of this is in the architecture of the extension, which is modern and functional. Thus a contrast is made, fairly clear-cut and effective for a museum, with the genuine historic part of the complex: the Achterhuis and the light court, both restored where necessary. In addition, the image of the past is completed by a glimpse from the inner side of the perimeter block, through the shed roof above the exhibition area in the garden. There, en route for the exit, one can look up one last time to the window of the room in which Anne Frank spent the last years of her life.

■ This design, unfortunately, cannot be realized because locals categorically reject every extension on the inner side of the perimeter block. This is by no means an unreasonable attitude, for the interior courts within the concentric rings of canals are a priceless cultural heritage continually threatened by the grim struggle for precious square metres of living and office space. In this case, however, it is not the accommodation of one lucky individual or a car park for members of some board which is involved. The Anne Frank Museum is of international importance, and all we can do is hope that a solution is found before the museum literally bursts at the seams.

The millenium and beyond

■ Benthem Crouwel are still young and in twenty or thirty years from now the work discussed above may not be more than an introductory chapter to a far more extensive whole. Of course it remains to be seen how architecture will develop in the coming decades. The economic perspectives in a united Europe seem favourable, while technologically more will be possible than ever before. Indeed Benthem Crouwel cherish the hope and the ambition of making a significant contribution to building in the future – for example, with an electric power station, a skyscraper or other large-scale architecture. In such a context it will not be easy to provide a sequel to the aesthetic intention expressed 'sotto voce' in Tienhoven.

■ It does look as though it will be impossible to avoid specialization in architectural practice round the year 2000. The capricious variety so typical of Benthem Crouwel's work between 1980 and 1990 will then have to disappear. For instance the 'family' house, for an architectural office with large and complicated commissions, will soon be an item that no longer fits into the agenda. That is a great pity because, as already explained above, the individual house is of real importance to architectural history. And perhaps it should be added here that the problematics of the dwelling house are in fact essential to the mental health of the architect. Once architecture no longer has links with individual happiness there is a very real danger of uniformity and, ultimately, the syndrome of devitalization such as had brought the downfall of the Modern Movement.

■ We can only hope that Benthem Crouwel can somehow or other find the opportunity to continue expanding the stimulating series of houses they have built. University lecturers are occasionally given months off to regain intellectual strength. Many an architect surely would also benefit from such leave: he could then accept a commission whose brief would give him the opportunity of considering architecture within a broader framework than usual.

Translation from the Dutch
John Kirkpatrick

Projecten

Uitbreiding raadhuis ¹⁹⁷⁹

■ De denkbeeldige uitbreiding van het door H.P. Berlage ontworpen raadhuis te Usquert in de provincie Groningen was eigenlijk een nogal merkwaardige prijsvraag-opgave. De probleemstelling was in wezen niet praktisch maar ideologisch van aard: het ging om de vraag hoe het verder moest met de bouwkunst na de ondergang van de Moderne Beweging in de voorgaande twintig jaar.

■ Benthem Crouwel kozen voor een oplossing die resoluut ieder compromis met het werk van Berlage van de hand wijst. In hun visie op de architectuur is het onmogelijk om een moderne gemeentesecretarie te maken met andere dan volstrekt eigentijdse middelen. De geprojecteerde uitbreiding is een manifest voor het ultra-moderne kantoorgebouw. Aldus ontstaat het contrast waaraan deze prijsvraaginzending haar betekenis ontleent. Benthem Crouwel gaan geen dialoog aan met Berlage, met als verrassend resultaat dat het ontwerp van Berlage – dat wat verweesd in het Groningse akkerland staat – plotseling tot spreken komt.

■ Het evenwicht tussen oud en nieuw dat ontstaat is een evenwicht van contrasten. Hoewel Berlage wordt beschouwd als de aartsvader van de moderne architectuur in Nederland heeft zijn werk nog sterke banden met de historische bouwkunst. Voor Benthem Crouwel heeft het verleden echter geen enkele betekenis meer, en hun ontwerp demonstreert in feite dat de zakelijkheid van Berlage behoort tot een hoofdstuk in de architectuurgeschiedenis dat definitief is afgesloten. Een dergelijk historisch monument kan niet meer uitgebreid worden zonder een heilloze spraak-verwarring tussen heden en verleden.

Usquert
Opdrachtgever
BNA-Kring Groningen

1 Bestaand raadhuis
2 Uitbreiding

0 _____ 10 m

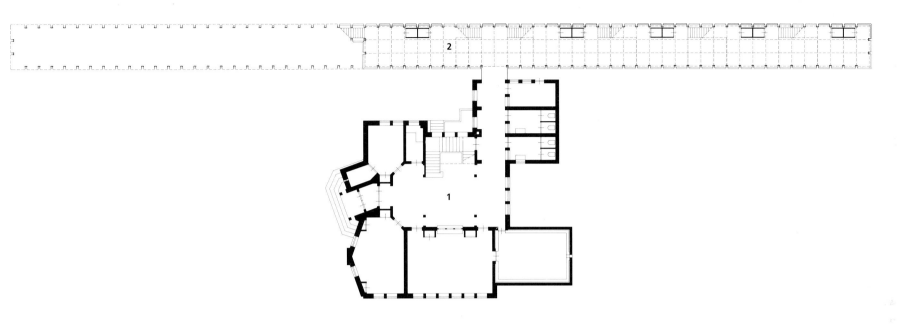

Axonometrie

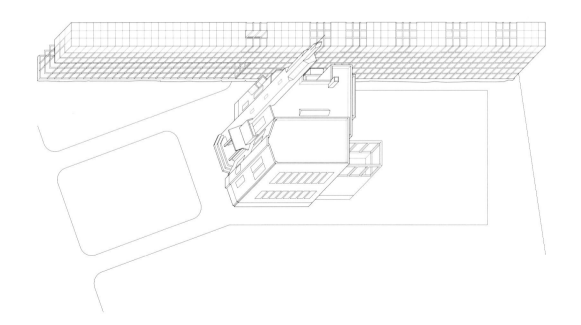

Woonhuis Jager 1982

■ In 1985 werd aan Benthem Crouwel de A.J. van Eckprijs toegekend voor woonhuis Jager, de douane-emplacementen en woonhuis Benthem. In het jury-rapport wordt met name de functionele eenvoud van deze ontwerpen geprezen. Woonhuis Jager, constateert men, 'is een doos met enkele toevoegingen, zoals een bescheiden dakopbouw, een railing langs de dakrand en een veranda'. Ondanks deze architectonische terughoudendheid is er toch onmiskenbaar een glimp van beschaafde luxe die ook de jury niet is ontgaan. 'Het huis in Den Haag', zo luidt haar conclusie, 'is door zijn eenvoud, elegantie en foutloze vormgeving bijna klassiek. De aan het pure bouwblok toegevoegde veranda, samengesteld uit stalen frames en roosters, maakt van een sober huis een rijk huis. Vorm, functie en constructie zijn ondeelbaar'.

■ Door de toegepaste bouwmaterialen heeft woonhuis Jager een tamelijk onconventioneel voorkomen. Met name de drie vrijwel geheel gesloten gevels van witte sandwichpanelen contrasteren scherp met de baksteenarchitectuur van de omringende bebouwing. Deze gesloten zijden van het huis bieden de bewoners een hoge mate van privacy, terwijl de vrijwel geheel verglaasde zuidzijde garant staat voor de vreugden van het 'bevrijde wonen': licht, lucht en veel zon. Dit ideaalbeeld van modern en gezond leven wordt gecompleteerd door het gymnastiekzaaltje dat is ondergebracht in de dakopbouw.

Den Haag

Opdrachtgever

Dhr. en mevr. Jager

N

Situatie

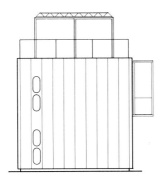

Noordgevel

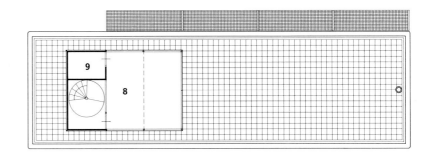

Dak verdieping

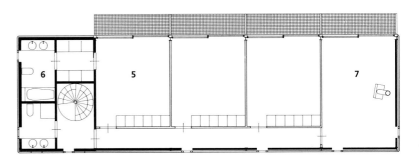

Eerste verdieping

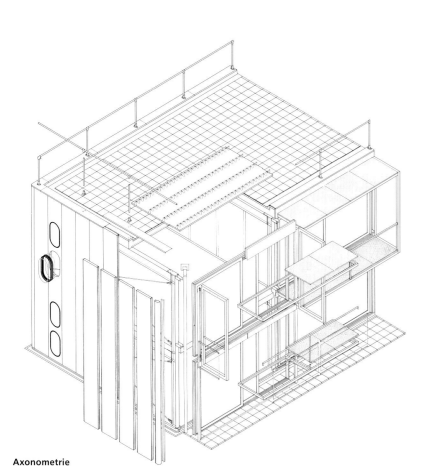

Axonometrie

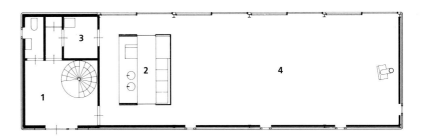

Begane grond

1 Entree
2 Keuken
3 Bijkeuken
4 Woonkamer
5 Slaapkamers
6 Badkamer
7 Studeerkamer
8 Fitnesskamer
9 Installaties

0   5 m

Toegangspoort en wachtgebouw Marine-etablissement ¹⁹⁸³

■ De Kattenburgerstraat is niet een van de vrolijkste straten van Amsterdam en het hermetisch gesloten Marine-etablissement vormt een tamelijk doods stedebouwkundig gegeven in het centrum van de hoofdstad. Benthem Crouwel hebben hun uiterste best gedaan om de entree tot het voormalige Marine-dok een architectonisch bevredigende vorm te geven. Zelfs als de solide deuren van de poort gesloten zijn, vormen de stalen masten en de trekstangen waaraan de looprail is opgehangen een opmerkelijk gegeven: niet alleen een herkenningspunt, maar ook – misschien door de associatie met het circus – een suggestie van frivoliteit in een omgeving die geen feestelijke aanblik biedt.

■ Als de poort geopend is, draagt ook het beeld van het wachtgebouw bij aan de verschijningsvorm van wat eens de Grote Kattenburgerstraat was. Het is een eenvoudig kantoorgebouwtje met een heel beknopte plattegrond, dragende muren en betonnen vloeren. Rond dit wat prozaïsch geheel is een speelse buitengevel gevouwen, van glas, sandwichpanelen en geprofileerd metaalplaat. Volgens goed Amsterdams gebruik heeft het gebouw aan de straatzijde een echte voorgevel met een uiterst verzorgd uiterlijk dat door de zonwering, opgehangen aan kabels, net iets meer is dan alleen maar zakelijk. De achter- en zijgevels zijn volkomen onopvallend.

■ Tot slot moet ook de abri genoemd worden, want dit eenpersoons optrekje vormt een wezenlijk onderdeel van het ontwerp. Het is eigenlijk een levensechte maquette, voor de douane-emplacementen, maar in de Kattenburgerstraat lijkt het ook een grappig stukje architectonisch speelgoed, dat wederom aan het circus doet denken, en misschien ook aan de pogingen van Albert Boeken om met de Apollohal de 'ijlheid' van Duikers Cineac in de Reguliersbreestraat te evenaren.

Kattenburgerstraat 7, Amsterdam
Opdrachtgever
Rijksgebouwendienst Directie Noord-Holland en Utrecht

Aanzicht zuid

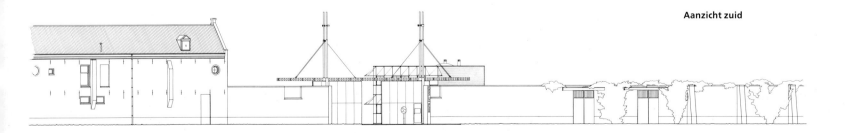

Woonhuis Benthem 1984, 1991

■ Dit opmerkelijke huis is zijn bestaan begonnen als prijsvraaginzending met motto 'Hardglas'. De opgave was het ontwerpen van een woning voor 'ongewoon wonen' in Almere, waarbij de normaal geldende bouwvoorschriften genegeerd mochten worden. Voor de prijswinnaars was een kavel bouwgrond beschikbaar voor vijf jaar en dit gegeven impliceerde dus dat de fundering en het huis demontabel moesten zijn.

■ Benthem Crouwel hebben gekozen voor een minimum aan middelen en een minimale plattegrond. Het huis, acht meter in het vierkant, staat op vier betonnen platen die met hun gezamelijk gewicht van zes ton mede voorkomen dat harde wind fatale gevolgen kan hebben. Op deze fundering is de vloerconstructie gemonteerd: een combinatie van ruimtevakwerk, sandwichpanelen, houten ribben en multiplaat. De sandwichpanelen, die ook voor de gesloten gevels en binnenwanden van het huis zijn gebruikt, worden gefabriceerd voor de bouw van gekoelde vrachtauto's. Voor het overige en overgrote deel bestaan de gevels uit louter hardglas, met stabilisatoren voor de winddruk op de naden. Het dak van geprofileerd staalplaat is zo licht dat niet het gewicht maar de zuigkracht van de wind het constructieve probleem vormt en het is daarom door middel van de stabilisatoren en met twee stalen kabels in het midden van de woonkamer aan de vloer verankerd.

De Fantasie 10, Almere
Opdrachtgever
Benthem Crouwel Architekten

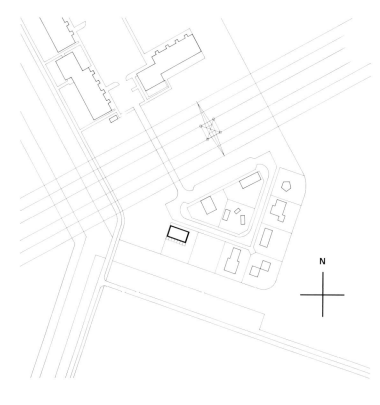

N

Situatie

Plattegrond
1 Woonkamer
2 Keuken
3 Badkamer
4 Slaapkamers

0   5 m

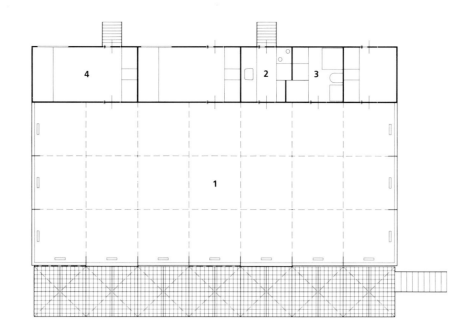

Oostgevel

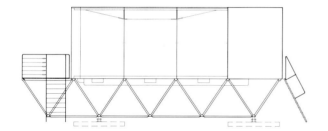

Zuidgevel

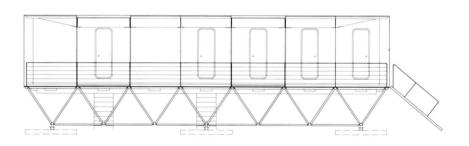

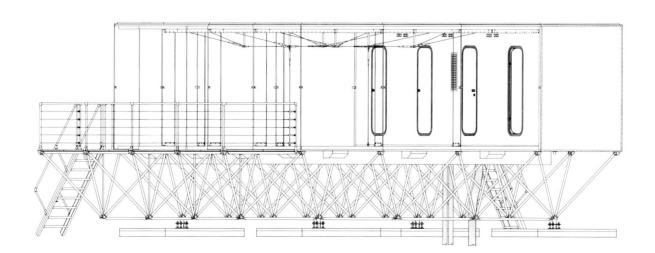

Gevelprojectie

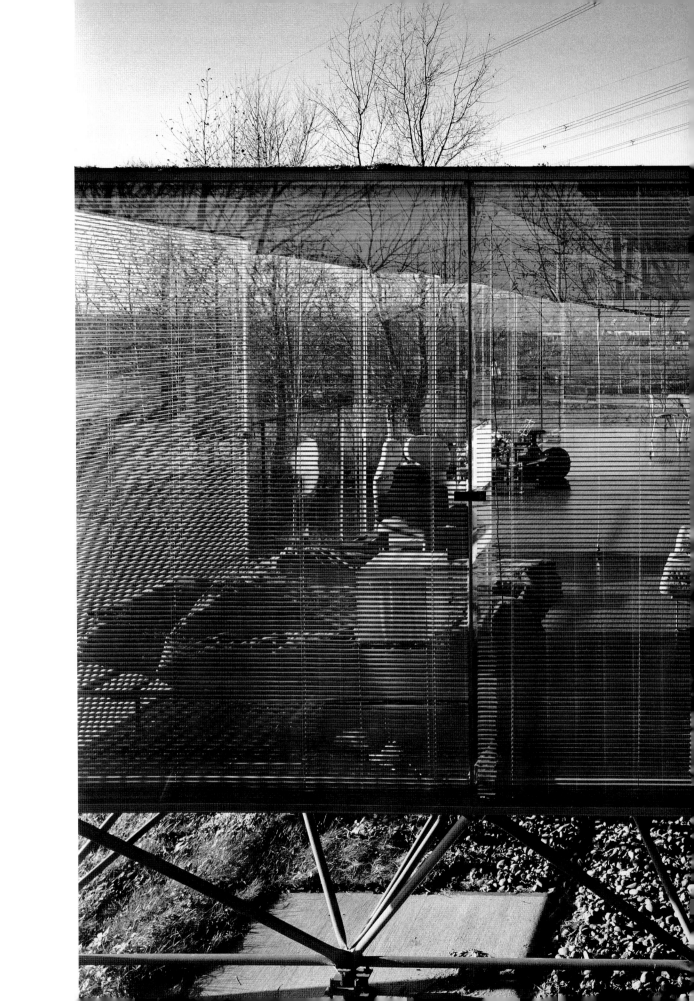

Recreatiepier ¹⁹⁸⁵

■ Net als de denkbeeldige uitbreiding van het raadhuis in Usquert was ook het gegeven van de recreatiepier in Vlissingen uitsluitend bedoeld om de discussie over moderne architectuur een impuls te geven. Als zodanig was het een nogal merkwaardig idee, want het is de vraag of een recreatiepier eigenlijk wel architectuur is, of beter nog: zou moeten zijn. Het is doorgaans een vreemd bouwsel van palen en frietkramen dat op onbeholpen wijze een eindje de zee in steekt. En zelfs als het ontwerp wordt gemaakt door een gediplomeerd bouwmeester ontstaat de wat potsierlijke situatie van een gebouw, misschien zelfs een mooi gebouw, dat om onduidelijke redenen enkele tientallen meters van het strand in het water staat en het uitzicht bederft.

■ Benthem Crouwel hebben dit probleem omzeild door een soort onderzeeboot te ontwerpen waarvan het dek bij hoog water nog net boven water uitsteekt en die bij laag water min of meer droog valt. Het dek is volkomen vlak en leeg zodat de pier het beeld niet of nauwelijks verstoort. Onder dit dek bevinden zich twee buizen: een om in te flaneren als het geen mooi weer is, en een voor de frites, de speelautomaten en andere recreatieve attracties. De beoogde discussie over architectuur werd aldus door Benthem Crouwel verrijkt met de simpele maar nog altijd geldige stelling uit de jaren twintig dat goede architectuur betere levenskansen heeft indien de ontwerpers hun talent niet misbruiken voor bouwkunstige bespiegelingen.

Vlissingen

Opdrachtgever

Culturele Raad Zeeland

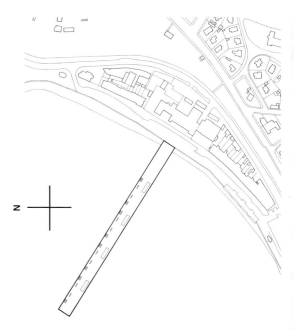

Situatie

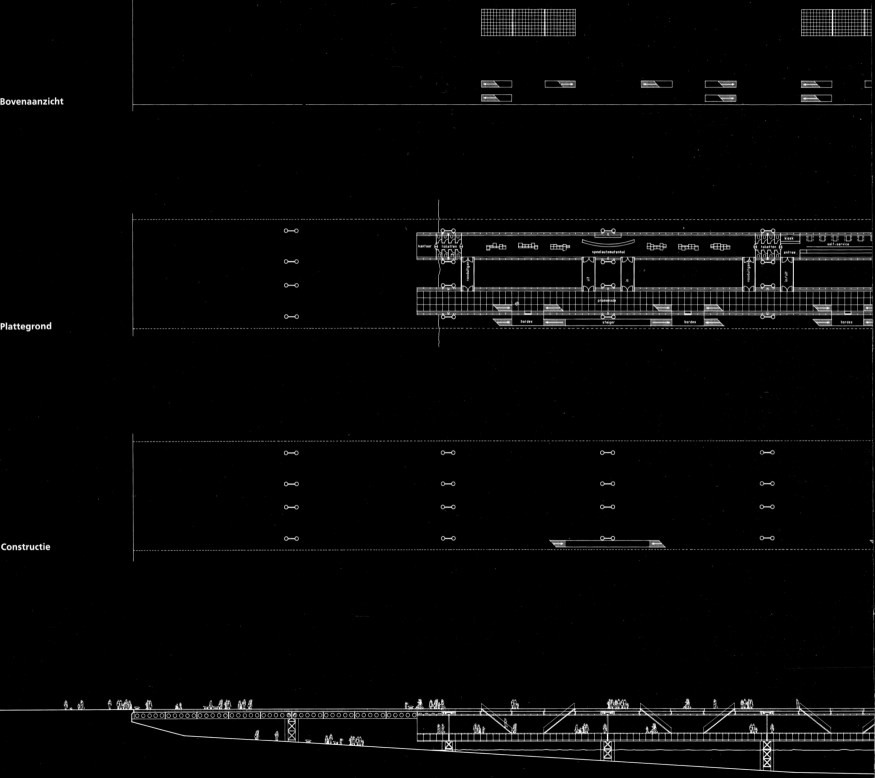

Bovenaanzicht

Plattegrond

Constructie

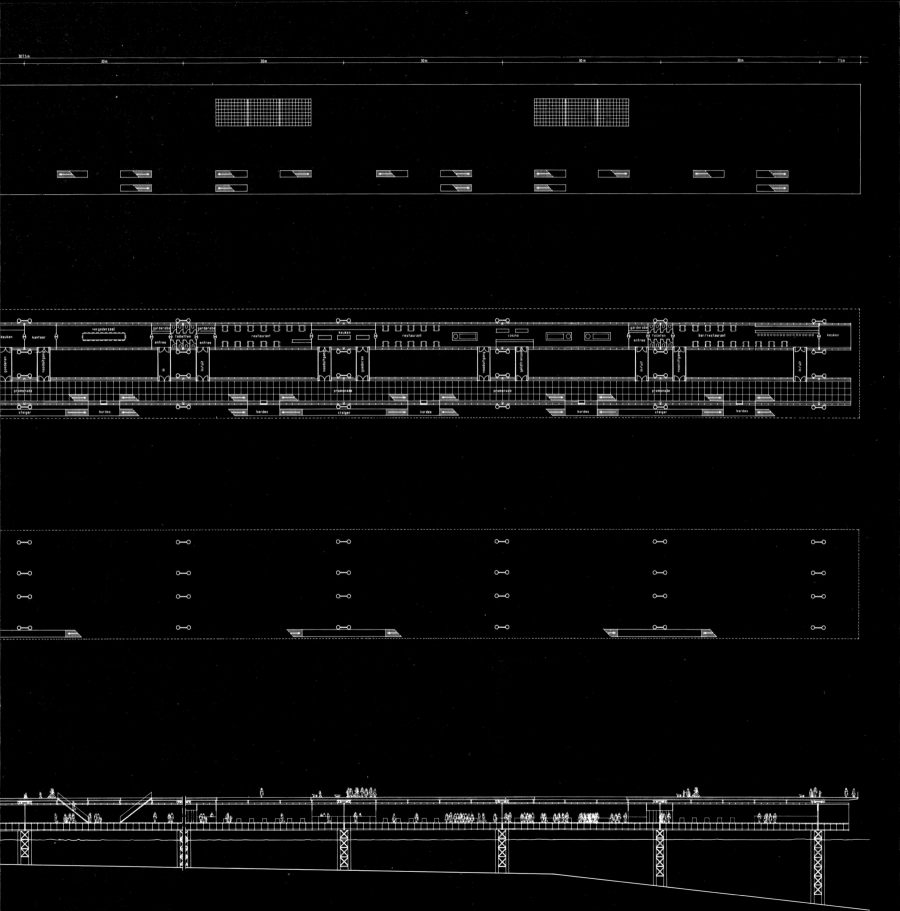

Woonhuis Nieuwland 1986

■ Dit huis is een van de weinige ontwerpen van Benthem Crouwel dat op een verleidelijke manier mooi is. Woonhuis Benthem is ongenaakbaar mooi, woonhuis Jager is markant maar niet verleidelijk, en veel van hun werk is zo zakelijk dat de vraag of het wel mooi is gemarginaliseerd wordt. Woonhuis Nieuwland is een subtiel compromis tussen een gestileerde vorm van het Nieuwe Bouwen, heel passend voor de Kralingse Plaslaan, en constructief vernuft dat alleen het criterium van intelligent materiaalgebruik erkent. Het betreft in wezen een simpele constructie van kalkzandsteen, zoals die alom in elkaar gelijmd wordt, maar in dit geval wordt het materiaal wel tot aan de grenzen van zijn constructieve mogelijkheden benut.

■ Het huis ontleend zijn schoonheid aan de zorgvuldig gedetailleerde en elegant ogende vliesgevel van grijs geëmailleerd glas. Daar de doorzichtige glaspanelen in de vensteropeningen exact in hetzelfde vlak liggen en bovendien zijn opgenomen in het moduulsysteem van de gevel, ontstaat een vlekkeloos uitgevoerde kubus van glas. Voor de bevestiging van het glas zijn speciale roestvrijstalen klemmen ontworpen die ook het vensterglas dat geopend kan worden op vier scharnierende punten vasthouden. Juist dit streven naar een systeem dat zodanig doordacht en geperfectioneerd is dat het consequent kan worden uitgevoerd, maakt woonhuis Nieuwland tot een bijzonder huis.

Kralingse Plaslaan 42, Rotterdam

Opdrachtgever

Dhr. en mevr. Nieuwland

N

Situatie

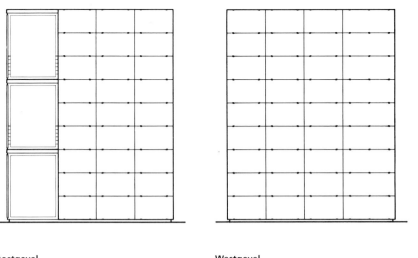

Oostgevel Westgevel

Tweede verdieping

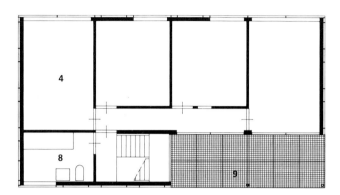

Noordgevel

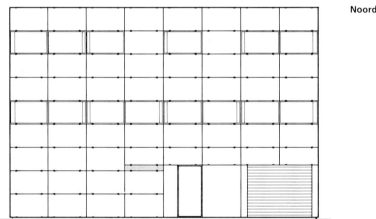

Eerste verdieping

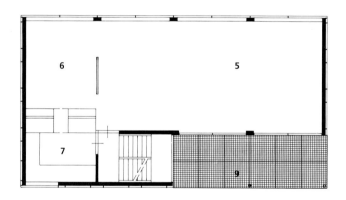

Zuidgevel

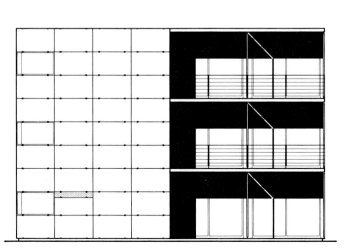

Begane grond

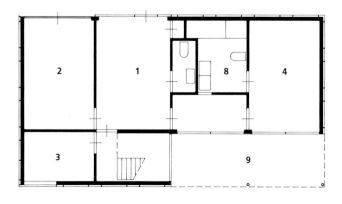

Paviljoen Sonsbeek ¹⁹⁸⁶

■ Het paviljoen voor de beeldententoonstelling in Sonsbeek is het meest minimale ontwerp dat Benthem Crouwel tot op heden gemaakt hebben: een soort doorzichtige envelop om een aantal kwetsbare kunstwerken te beschermen tegen weer en wind. Het streven naar een maximum aan transparantie diende als uitgangspunt en het paviljoen is derhalve geheel van glas. Om doorbuigen te voorkomen worden de glaspanelen die het dak vormen ondersteund door vakwerkliggers. Zo is het bewijs geleverd dat met glas, siliconenkit en een minimum aan staal iets gemaakt kan worden dat zowel constructief als esthetisch aan zeer hoge eisen voldoet. Het paviljoen was een lust voor het oog en het heeft waarschijnlijk menige bezoeker van de tentoonstelling de ogen geopend voor de sculpturale kwaliteit die architectuur soms kan hebben.

■ Hoewel Benthem Crouwel desgevraagd graag mededelen dat de geschiedenis van de bouwkunst hen niet bovenmatig interesseert, waren zij zich natuurlijk terdege bewust van het feit dat Gerrit Rietveld en Aldo van Eyck beide een paviljoen voor Sonsbeek ontworpen hebben dat niet licht vergeten zal worden. Deze herinnering aan de ongekende creativiteit van de historische avantgarde, en in het bijzonder van de Stijlbeweging, heeft hen echter niet kunnen verleiden tot avonturen met esthetische beginselen van een ander tijdperk. Dit is misschien juist wat zij gemeen hebben met ontwerpers als Rietveld en Van Eesteren, die ook gewoon probeerden om iets goeds te maken met de middelen die hen daarvoor geschikt leken. Benthem Crouwel hebben in Arnhem nog eens laten zien dat zij een keuze hebben gemaakt in de architectuur, met de bereidheid om alle consequenties van deze keuze nauwgezet te onderzoeken.

Beeldententoonstelling Sonsbeek 86

Opdrachtgever

Stichting Sonsbeek Beelden

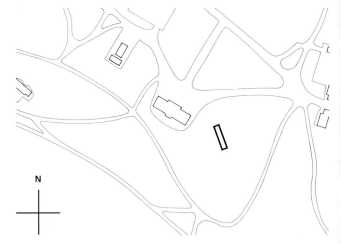

N

Situatie

Douane-emplacementen 1980 -1987

De douane-emplacementen bij Oldenzaal, Gennep en Hazeldonk vormen met elkaar een complexe opdracht, bestaande uit een reeks van uiteenlopende architectonische vragen. Het is de bedoeling dat het grensoverschrijdende verkeer met een minimum aan hinder en tijdverlies gecontroleerd kan worden. Voor de vluchtige inspectie van het personenverkeer kan volstaan worden met een simpele overkapping en enkele abri's ter beschutting van de dienstdoende ambtenaren. Het vrachtverkeer wordt zorgvuldiger behandeld en voor de administratieve afhandeling hiervan zijn kantoorfaciliteiten vereist. Indien er aanleiding is om de lading daadwerkelijk te inspecteren gebeurt dit in een visitatieloods.

Daar de opdrachtgever, de Rijksgebouwendienst, streefde naar een zekere uniformering van de grensovergangen, hebben Benthem Crouwel geprobeerd om een herkenbaar concept te ontwikkelen waarbinnen voldoende architectonische variatie mogelijk is. Het meest in het oog lopende thema is de toepassing van een ruimtevakwerk voor de overkappingen en voor de markante dakconstructie van het douanekantoor in Hazeldonk. Meer fundamenteel is echter het streven naar zakelijkheid dat in ieder element op de douane-emplacementen terugkeert. Bij een vergelijking tussen de douanekantoren in Oldenzaal en Hazeldonk dringt zich langzamerhand de conclusie op dat het laatstgenoemde inderdaad bijzonder is. Maar toch zijn plattegrond en constructie van het eerstgenoemde gebouw meer karakteristiek voor de trefzekere helderheid die de douane-emplacementen van Benthem Crouwel kenmerkt.

Oldenzaal, 's-Heerenberg, Hazeldonk en Gennep
Opdrachtgever
Oldenzaal en 's Heerenberg: Rijksgebouwendienst Directie Gelderland, Overijssel en Flevoland
Hazeldonk en Gennep: Rijksgebouwendienst Directie Noord-Brabant en Limburg

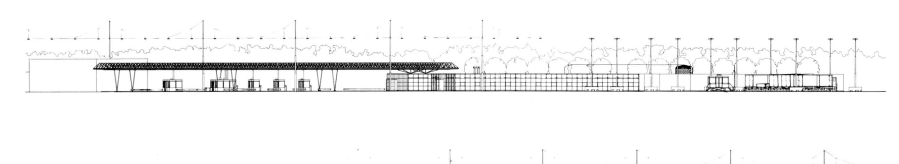

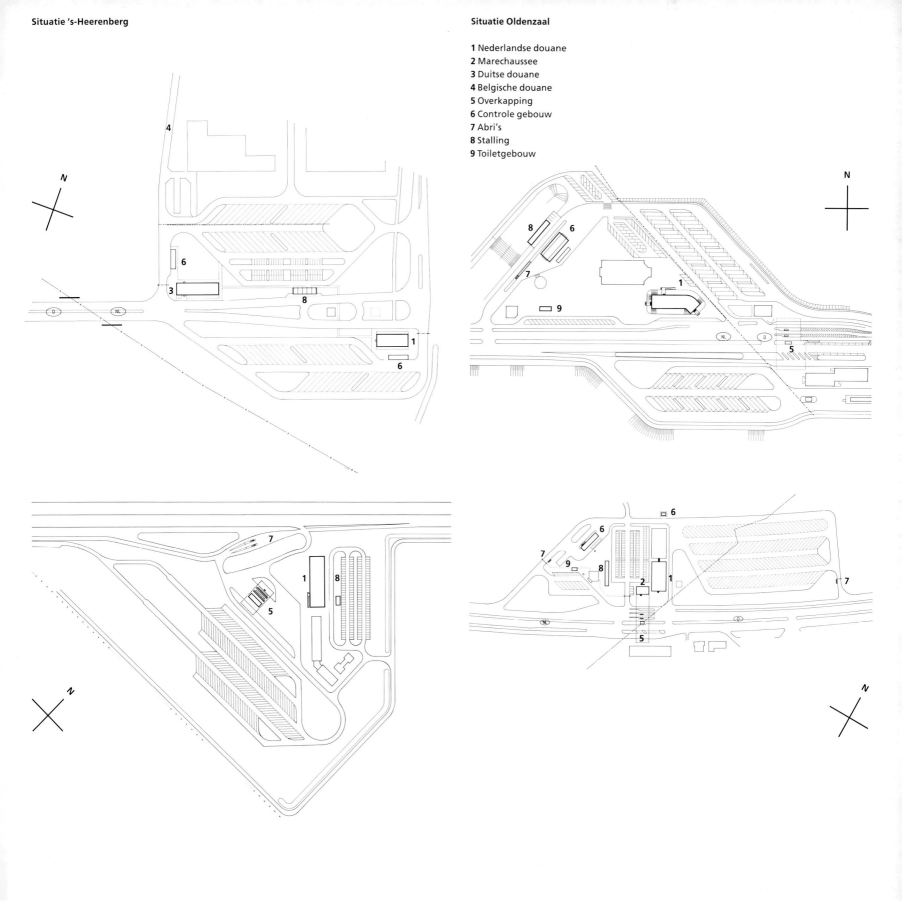

Situatie 's-Heerenberg

Situatie Oldenzaal

1 Nederlandse douane
2 Marechaussee
3 Duitse douane
4 Belgische douane
5 Overkapping
6 Controle gebouw
7 Abri's
8 Stalling
9 Toiletgebouw

Situatie Gennep

Situatie Hazeldonk

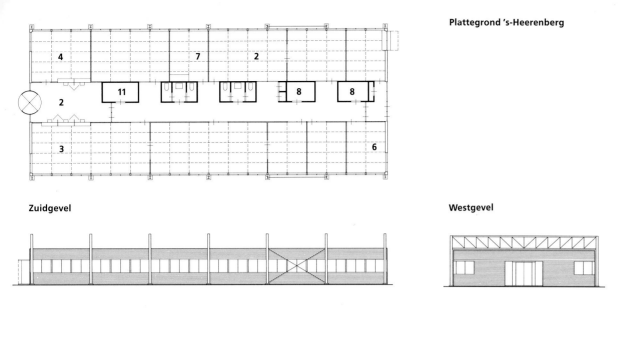

Plattegrond 's-Heerenberg

Zuidgevel

Westgevel

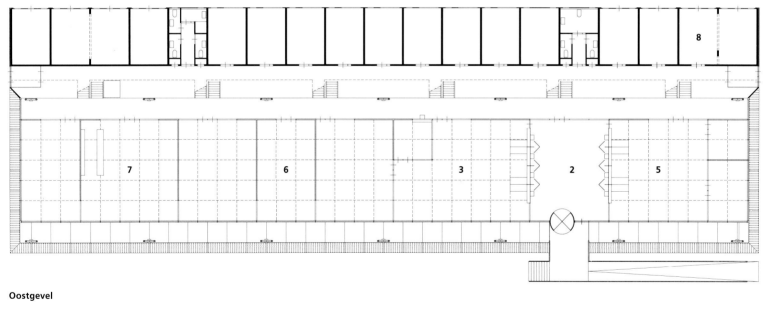

Plattegrond Hazeldonk

Oostgevel

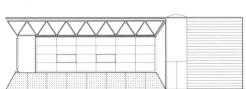

Zuidgevel

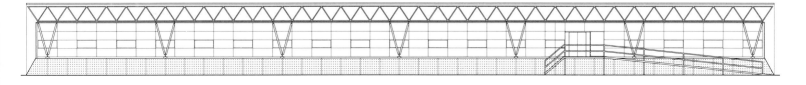

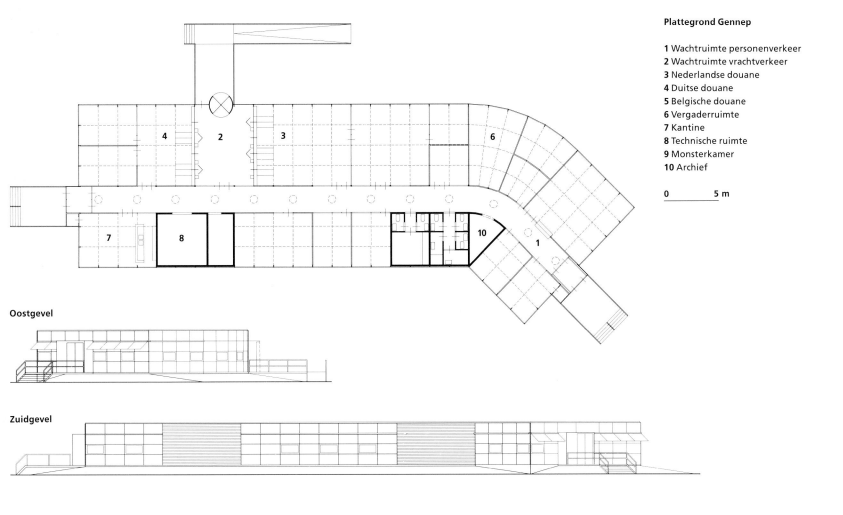

Plattegrond Gennep

1 Wachtruimte personenverkeer
2 Wachtruimte vrachtverkeer
3 Nederlandse douane
4 Duitse douane
5 Belgische douane
6 Vergaderruimte
7 Kantine
8 Technische ruimte
9 Monsterkamer
10 Archief

0   5 m

Oostgevel

Zuidgevel

Plattegrond Oldenzaal

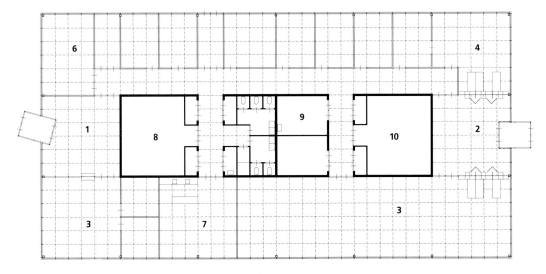

Oostgevel

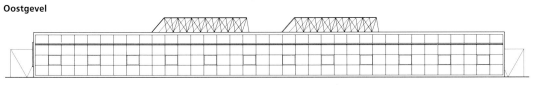

Zuidgevel

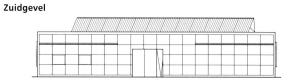

Verbouwing Museum Overholland ¹⁹⁸⁷

■ Wie na het paviljoen in Sonsbeek nog niet overtuigd was van de esthetische terughoudendheid die het werk van Benthem Crouwel kenmerkt, moet in Museum Overholland toch tot het inzicht zijn gekomen dat zij werkelijk proberen om met een minimum aan middelen een maximum aan resultaat te behalen. Terwijl het moderne museumgebouw in alle grote steden van de wereld meer en meer begint te lijken op een kwaadaardige vorm van bouwkunstige celdeling, is het Museum Overholland een onopvallend stadswoonhuis dat op bescheiden wijze is aangepast aan een nieuwe bestemming. Benthem Crouwel hebben het oorspronkelijke woonhuis niet getransformeerd tot een tempel, dat is juist de charme van dit ontwerp: de geëxposeerde kunst wordt gekoesterd door de ondefinieerbare intimiteit van het burgerwoonhuis die in vele musea – oud en nieuw – zo node gemist wordt door de ware liefhebber.

■ De meest in het oog springende bijdrage van Benthem Crouwel is de entree van het museum, waar met donker getint glas een ruimteprogramma wordt afgebakend dat nieuw is. Anderzijds zijn de oorspronkelijke vensteropeningen van het woonhuis, hoewel noodzakelijkerwijs in beperkte mate geblindeerd, zorgvuldig geïntegreerd in het ontwerp. Zo ontstaat een tamelijk scherp contrast tussen de verschillende architectonische mogelijkheden van glas dat herinnert aan het expressionisme. Expressionisme en functionalisme hebben in de architectuur meer gemeen dan doorgaans wordt aangenomen en Overholland is een opmerkelijke synthese van ogenschijnlijk wezensvreemde esthetische principes.

Museumplein 4, Amsterdam
Opdrachtgever
Stichting Overholland

Detail plattegrond
1 Entree
2 Balie
3 Voorruimte

0   5 m

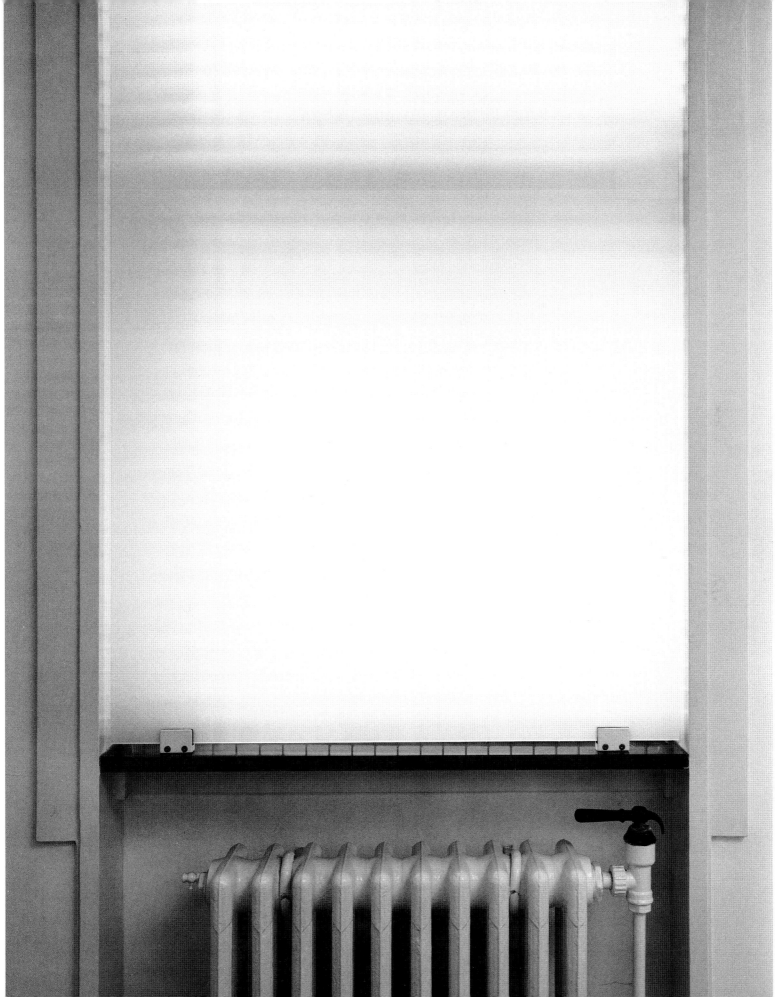

Hojel-complex ¹⁹⁸⁸

■ Het gebied tussen de Jaarbeurshallen en het centraalstation in Utrecht is karakteristiek voor de ravage die in vele steden is aangericht door de Dienst Ruimtelijke Ordening of iets van dien aard. De ruimtelijke ordening is een absurde abstractie waarin nooit een mens zal kunnen leven. Uitgaande van theoretische beginselen die geheel vreemd zijn aan de realiteit van het stadsleven wordt in naam van de vooruitgang alle samenhang in een stedelijk gebied te gronde gericht met enige grote verkeerswegen en een aantal willekeurig geplaatste grootschalige gebouwen. Wat resteert is een troosteloze leegte, niet alleen stedebouwkundig en architectonisch maar ook sociaal en moreel: het onbehagen in de cultuur wordt hier een concreet gevoel van bedreiging.

■ Benthem Crouwel hebben een plan gemaakt om dit gebied nieuw leven in te blazen. In het programma van eisen was gevraagd om een flink aantal vierkante meters kantoorruimte en een aantrekkelijke verbinding voor voetgangers tussen het centraalstation en de Jaarbeurshallen. Aan laatstgenoemde eis is voldaan door op het dak van een parkeergarage met twee verdiepingen een stadspark te creëren dat op hetzelfde niveau ligt als de voetgangerstraverse over het station. De gevraagde bebouwing is rond dit park gegroepeerd als een groot kantorencomplex rond een groen binnenterrein. Het is verrassend om te zien hoe een simpel stedebouwkundig gegeven, namelijk het negentiende-eeuwse stadspark, weer orde kan brengen in een geheel gefragmentariseerde plattegrond.

Jaarbeursplein, Utrecht
Opdrachtgever
Nationale Nederlanden NV, Den Haag /
Jaarbeurs, Utrecht

Situatie
1 Verhoogd park
2 Trademart gebouw
3 Kantoor Jaarbeurs
4 Hal Jaarbeurs
5 Kantoren
6 Hotel

Langsdoorsnede

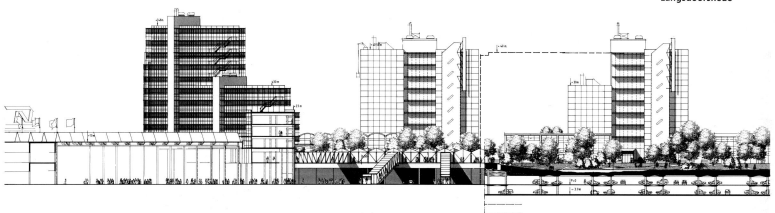

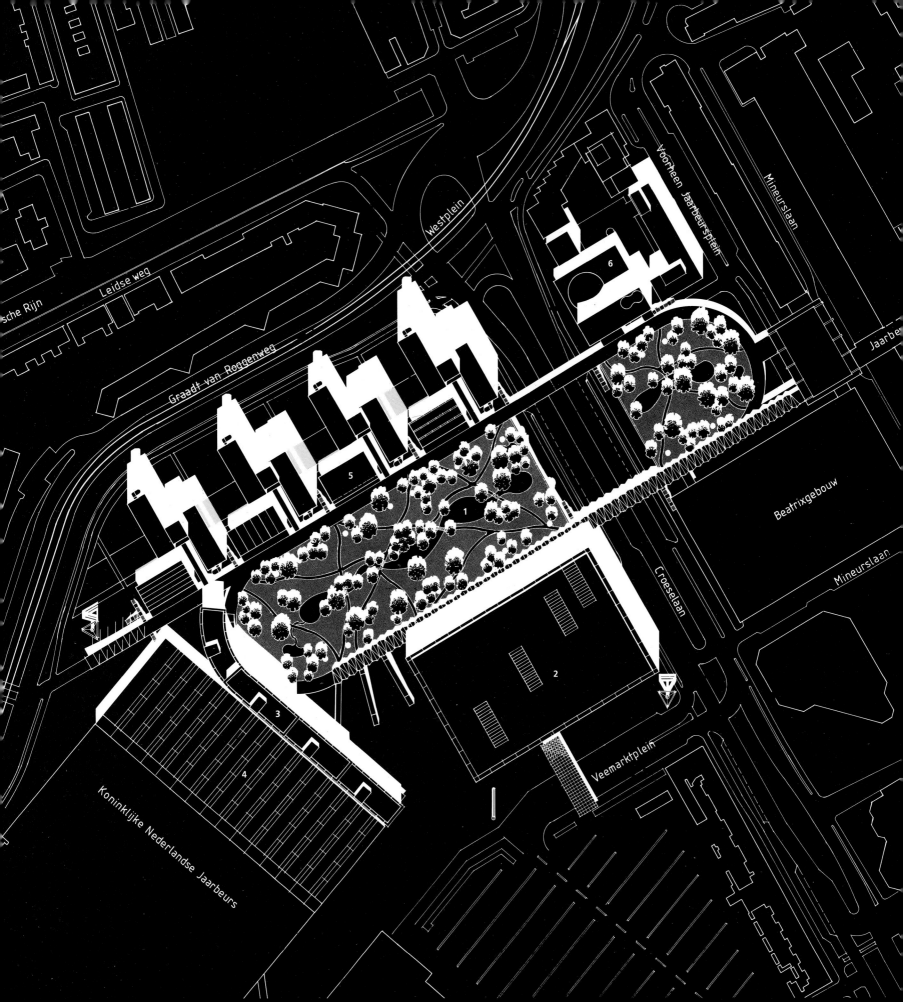

Bedrijfsgebouw MORS 1987-1988

■ Het hoofdkwartier van MORS systeemplafonds in Opmeer, ten noordoosten van Alkmaar, vormt een hoogtepunt in de reeks van ontwerpen met staal en glas die Benthem Crouwel in de eerste helft van de jaren tachtig gemaakt hebben. Het programma van eisen was relatief simpel: een showroom, wat kantoorruimte en een tamelijk groot magazijn. Op ieder industrieterrein in Nederland is wel een of andere variant te vinden van een dergelijk gebouw, maar Benthem Crouwel hebben voor hun opdrachtgevers ongetwijfeld de meest elegante variant ontworpen.

■ Het programma van eisen is heel direct tot uitdrukking gebracht door twee contrasterende bouwdelen deels in elkaar te schuiven. Het deel met de showroom en de kantoorruimte heeft aan drie zijden een aluminium systeemgevel met veel glas. De magazijnruimte is bekleed met zilvergrijs geprofileerd metaalplaat. Beide bouwdelen hebben een gezamelijk skelet dat bestaat uit tien fragiele vakwerkspanten. Een deel van dit skelet is inwendig, want de vakwerkspanten van de magazijnruimte zijn van buitenaf niet zichtbaar, maar de drie resterende elementen van de constructie, die de showroom en het kantoor overspannen, maken duidelijk hoe het geheel in elkaar zit. De verschillende onderdelen van het programma van eisen en de constructie worden aldus werkelijk perfect tot uitdrukking gebracht.

De Veken 106, Opmeer
Opdrachtgever
MORS Systeemplafonds

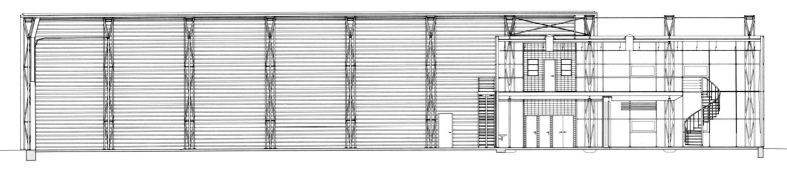

Langsdoorsnede

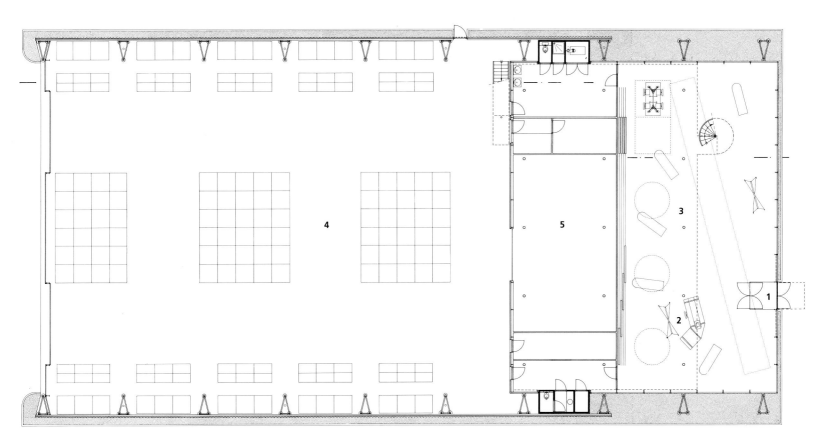

Plattegrond begane grond
1 Entree
2 Receptie
3 Showroom
4 Magazijn
5 Werkplaats

0   5 m

Anne Frankhuis ¹⁹⁸⁷⁻

■ In principe is ieder architectonisch probleem een complex probleem, met allerlei vage verbanden tussen culturele, functionele en constructieve aspecten die door geen enkele ontwerptheorie op bevredigende wijze worden verklaard. Het Anne Frankhuis in Amsterdam vormt echter een probleem dat bijna net zo ondoorgrondelijk is als het leven zelf. Het Achterhuis, in het bouwblok tussen de Prinsen- en de Keizersgracht, waarin Anne Frank tijdens de laatste jaren van haar leven haar dagboek heeft geschreven, is een wereldberoemd oorlogsmonument dat jaarlijks honderdduizenden bezoekers trekt. Het Anne Frankhuis dreigt echter letterlijk te bezwijken onder deze stroom van bezoekers, want het is in principe nog steeds een gewoon Amsterdams woonhuis.

■ De Anne Frank Stichting heeft in het genoemde bouwblok enige percelen bijeen gesprokkeld en zo is een grillig gevormd bouwterrein ontstaan waarop een nieuw museum gebouwd moet worden, ter bescherming van het Achterhuis. Stedebouwkundig is de situering van dit museum problematisch, maar Anne Frank woonde nu eenmaal niet aan het Museumplein. Benthem Crouwel hebben voor de logistieke problemen van de bezoekersstromen in het Anne Frankhuis een heel bevredigende oplossing gevonden, waarin het Achterhuis in beperkte mate toegankelijk blijft maar niet meer toeristisch wordt uitgewoond, terwijl toekomstige bezoekers tevens een blik kunnen werpen op het drama van de familie Frank zoals de achterburen het misschien ervaren hebben: als ramen die plotseling leeg waren en voorgoed leeg zouden blijven. Juist daarom is het enorme portret van Anne Frank op de glazen gevel van de geprojecteerde nieuwbouw aan de Westermarkt een ontroerende geste. Het ontwerp wordt helaas niet uitgevoerd.

Prinsengracht 263, Amsterdam

Opdrachtgever

Anne Frank Stichting

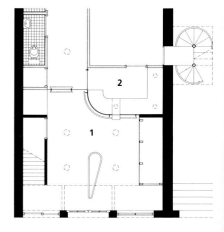

Tijdelijke verbouwing

Detail plattegrond
1 Entree
2 Kassa

0 _____ 5 m

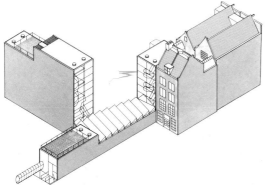

Isometrie

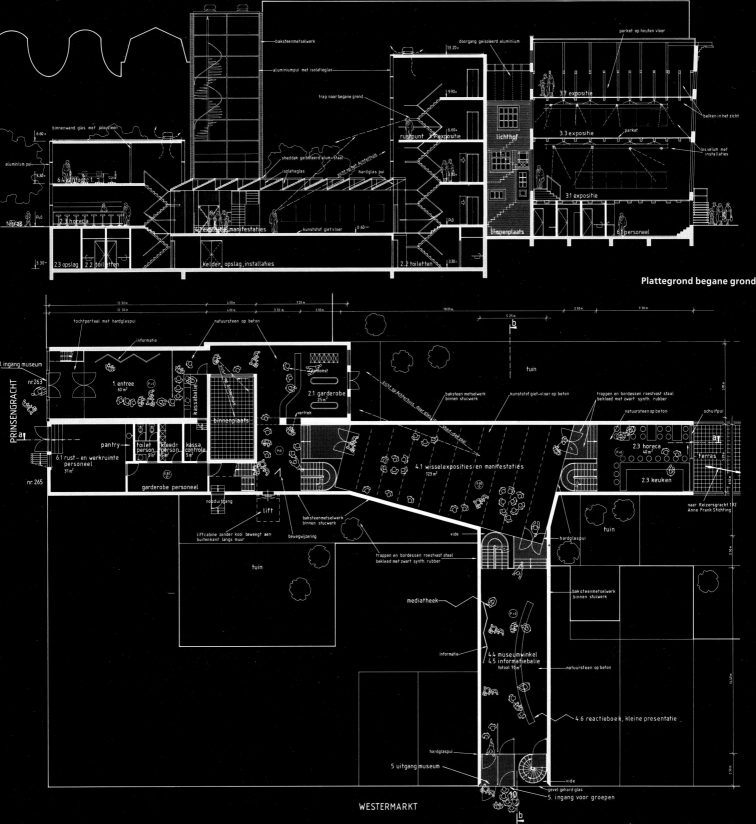

baksteenmetselwerk

aluminiumpui met isolatieglas

13.20+

doorgang geisoleerd aluminium

parket op houten vloer

trap naar begane grond

990+

binnenwand glas met jaloezieen

6.60+

6.60+

rustpunt 3.7 expositie

lichthof

3.7 expositie

balken in het zicht

aluminium pui

sheddak geisoleerd alum + staal

3.3 expositie

parket

3.30+

3.30−

6.4 kantoor 1

isolatieglas

zicht op het Achterhuis

hardglas pui

3.30−

los velum met installaties

terras

P=0

2.3 horeca

3.1 expositie

4.1 expositie en manifestaties

kunststof giet vloer

0.60−

binnenplaats

6.1 personeel

3.30−

2.3 opslag 2.2 toiletten

P=0

kelder, opslag, installaties

2.2 toiletten

3.30−

Plattegrond begane grond

12.50 m   4.00m   3.50 m   3.30m   18.03 m   2.50 m   7.50 m

12.50 m   4.00m   3.50 m   3.30m   5.25 m

b

tochtportaal met hardglaspui

natuursteen op beton

informatie

tuin

ingang museum

nr.263

1. entree
60 m²

aankomst

kassabalie

2.1 garderobe
25 m²

baksteen metselwerk
binnen stucwerk

kunststof giet-vloer op beton

trappen en bordessen roestvast staal
bekleed met zwart synth. rubber

natuursteen op beton

schuifpui

PRINSENGRACHT

a

binnenplaats

vertrek

zicht op Achterhuis door glas in sheddak staal

2.3 horeca
40 m²

a

pantry

toilet
person
5 m²

kleedr.
person
5 m²

kassa
controle
5 m²

4.1 wisselexposities/en manifestaties
123 m²

2.3 keuken

terras

6.1 rust- en werkruimte
personeel
31 m²

nr. 265

garderobe personeel

noodui tgang

naar Keizersgracht 192
Anne Frank Stichting

lift

vide

tuin

liftcabine zonder kooi beweegt aan
buitenkant langs muur

baksteenmetselwerk
binnen stucwerk

bewegwijzering

hardglaspui

baksteenmetselwerk
binnen stucwerk

trappen en bordessen roestvast staal
bekleed met zwart synth. rubber

tuin

mediatheek

informatie

4.4 museumwinkel
4.5 informatiebalie
totaal 70 m²

natuursteen op beton

4.6 reactieboek, kleine presentatie

hardglaspui

5 uitgang museum

vide

gevel gehard glas

5. ingang voor groepen

WESTERMARKT

b

Woongebouw Van Soutelandelaan 1987-1991

■ Den Haag kent een traditie van luxe woongebouwen die architectonisch enigszins verwant is aan de Amsterdamse School. Anders dan hun collega's in de hoofdstad gingen Haagse architecten zich nooit te buiten aan decoratieve overdaad. De door hen ontworpen woongebouwen onderscheiden zich door een strak en gedistingeerd uiterlijk met fraaie baksteengevels en veelal stalen raamkozijnen. Decoratief gebruik van metselwerk komt vrijwel niet voor: de hoge ambachtelijke kwaliteit moet bijna zakelijk voor zichzelf spreken, en het bouwblok wordt doorgaans geleed met een minimum aan plastische middelen.

■ Het is duidelijk dat Benthem Crouwel met hun ontwerp voor het woongebouw aan de Van Soutelandelaan geprobeerd hebben om de geheimen van dit typisch Haagse recept te achterhalen. Het is opmerkelijk dat zij daarin geslaagd zijn, en hier blijkt nog eens dat het etiket 'High-Tech' misplaatst is voor hun werk. De gevels van witgeglazuurde baksteen en de donkergroen geverfde stalen raamkozijnen vormen een hommage aan vergeten architecten als C. Brandes en W. Verschoor, en zorgen bovendien voor het gewenste Haagse cachet. De drie penthouses, de balkons en de zes met natuursteen beklede schoorstenen voor de open haarden geleden het gebouw met een 'finishing touch' die het luxueuze karakter nog eens onderstreept, verwijzende naar de nieuwzakelijke weelde van de Nirwanaflat die J. Duiker en J. Wiebenga zo graag hadden willen bouwen.

Van Soutelandelaan, Den Haag
Opdrachtgever
Wilma Vastgoed, Nieuwegein

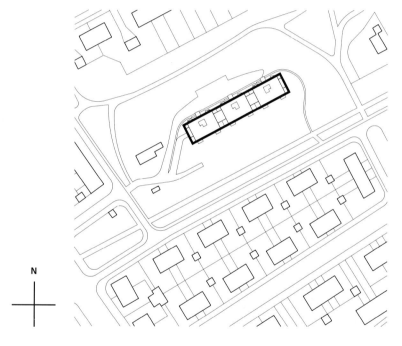

N

Situatie

Doorsnede entree

Doorsnede

1 Hal
2 Woonkamer
3 Eetkamer
4 Studeerkamer
5 Keuken
6 Bijkeuken
7 Slaapkamers
8 Badkamer
9 Berging

0   10 m

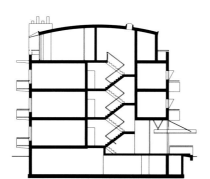
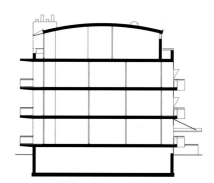

Penthouse

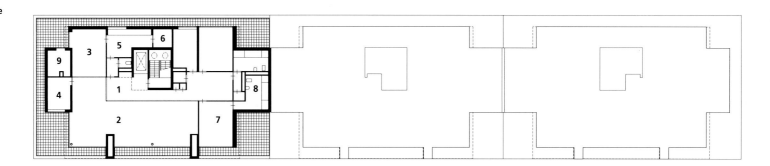

Appartementen

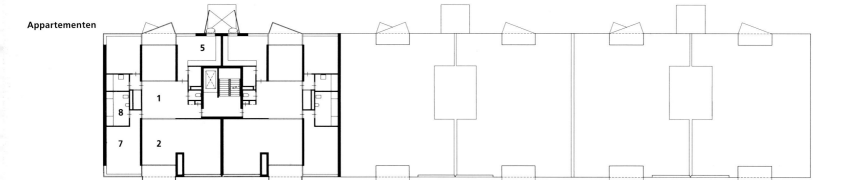

Noordgevel

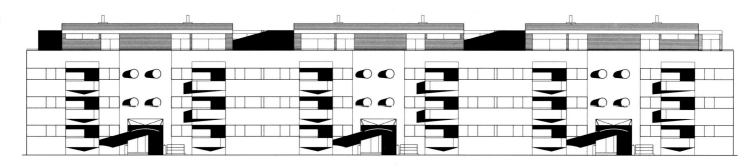

Uitbreiding Schiphol 1982-1988

■ Benthem Crouwel hebben in de loop der jaren diverse kleinere bouwwerken ontworpen voor de N.V. Luchthaven Schiphol. Waarschijnlijk door hun affiniteit met de wereld van de techniek hebben zij zich van begin af aan goed thuis gevoeld in de middelgrote maar zeer dynamische stad die Schiphol in feite is. Zo ontstond bijvoorbeeld een fietsenhok, toch een tamelijk ongebruikelijk gegeven in de architectuurgeschiedenis, dat niet veel meer is dan een perfecte demonstratie van de krachten die uiteindelijk ieder architectonisch ontwerp beheersen. Hetzelfde geldt voor de overige ontwerpen, er is immers in de wereld van opstijgende en landende jumbojets weinig aanleiding om te streven naar architectonisch machtsvertoon.

■ Ook het busstation dat zij voor Schiphol ontworpen hebben getuigde van hun bereidheid om de zakelijke eisen van de opdracht te aanvaarden als toonaangevend beginsel in het ontwerpproces. Dit ontwerp moest in korte tijd en gedurende de wintermaanden gerealiseerd worden en het was een tijdelijke voorziening dus vlotte demontage behoorde tot de gestelde eisen. Langs deze prozaïsche weg is een wonderschoon gebouw ontstaan dat maar een heel kort leven heeft geleid. Het ontwerp kan ook beschouwd worden als een aanloop voor de G-pier die behoort tot de meer recente plannen voor Schiphol. Zo is consistent doorgewerkt aan het idee dat in beginsel al werd vastgelegd met woonhuis Benthem. Dit proces van geduldig perfectioneren vormt een leidraad in het werk van Benthem Crouwel waarlangs het zich gaandeweg ontwikkelt tot een optimaal evenwicht tussen zakelijkheid en constructief avontuur.

Luchthaven Schiphol
Opdrachtgever
NV Luchthaven Schiphol

Uitbreiding Schiphol ^{1989 -}

■ Een luchthaven is een bedrijf dat moet overleven in een wereld van harde concurrentie. Door de komende eenwording van Europa wordt Schiphol geconfronteerd met de noodzaak om tegemoet te komen aan de schaalvergroting die ongetwijfeld ook in de ontwikkeling van het vliegverkeer zal plaatsvinden. Hiertoe heeft men een zeer ambitieus Masterplan ontwikkeld, dat beoogt om de capaciteit van de luchthaven in vijftien jaar te verdubbelen.

■ Benthem Crouwel zijn van begin af aan betrokken geweest bij de ontwikkeling van dit plan en zij hebben, in samenwerking met NACO en Kho Liang Ie, een reeks van verschillende ontwerpen gemaakt voor het toekomstige Schiphol. Het nieuwe Stationsgebouw-West vormt ongetwijfeld het meest spectaculaire onderdeel van deze reeks, met een enorme hal van staal en glas die herinnert aan de grote stations van de negentiende eeuw. Dit Stationsgebouw is in aanbouw, net als de G-pier die in het voorgaande werd genoemd. Verder zijn er ook vergevorderde plannen voor een groot kantorencomplex dat op de nieuwe parkeergarage – 6000 auto's – gebouwd zal worden. Dit ontwerp doet in veel opzichten denken aan het Hojel-complex, maar door de eisen die op Schiphol gesteld worden is de integratie van de verschillende onderdelen nog aanzienlijk verbeterd.

■ De luchthaven is een leerzame opdrachtgever voor architecten omdat het niet alleen om gebouwen gaat maar om de efficiency van een zeer complex geheel, waarbij ook iedere stedebouwkundige fout die wordt gemaakt catastrofale gevolgen kan hebben. Ieder ontwerp voor Schiphol berust daarom op een zorgvuldige analyse van alle logistieke problemen die de nieuwe circulatie van diverse verkeersstromen met zich meebrengt.

Luchthaven Schiphol
Opdrachtgever
NV Luchthaven Schiphol
In samenwerking met
NACO, Nederlands Ontwerpbureau voor Luchthavens en Kho Liang Ie Associates

Perspectief
1 Bestaand stationsgebouw
2 Stationsgebouw-west
3 G-pier
4 Kantoren en parkeren
5 NS-tracee

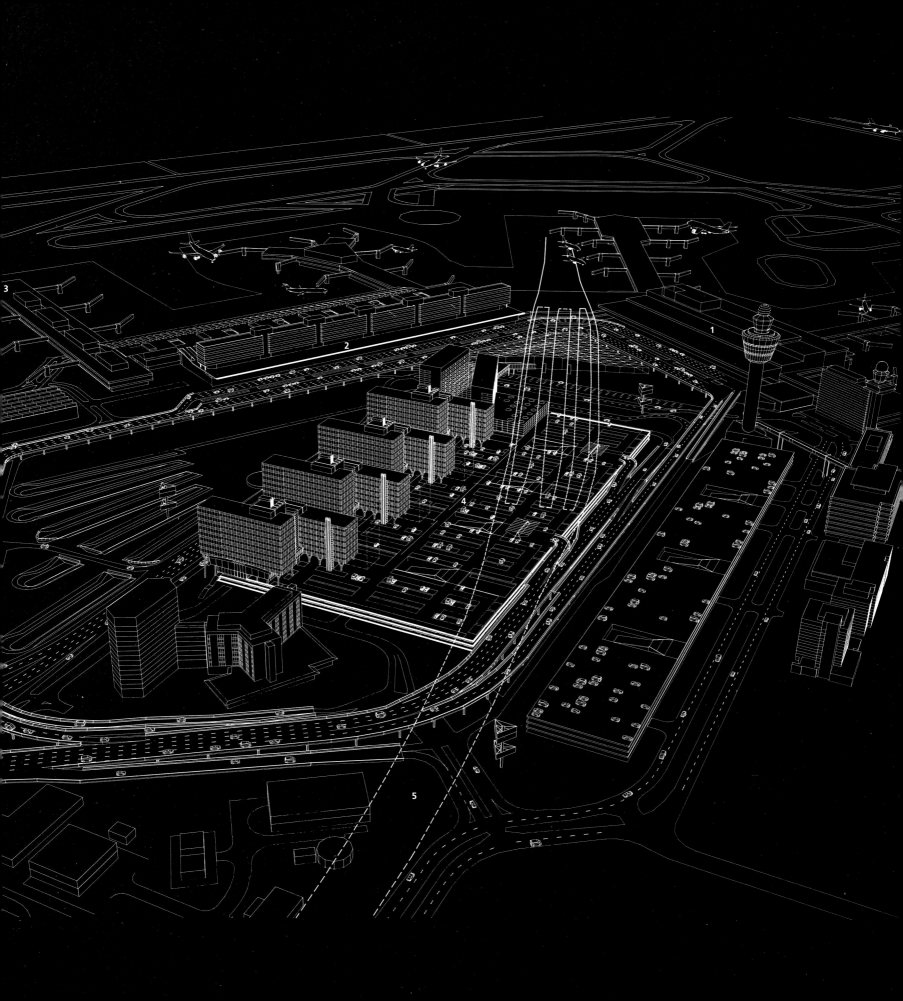

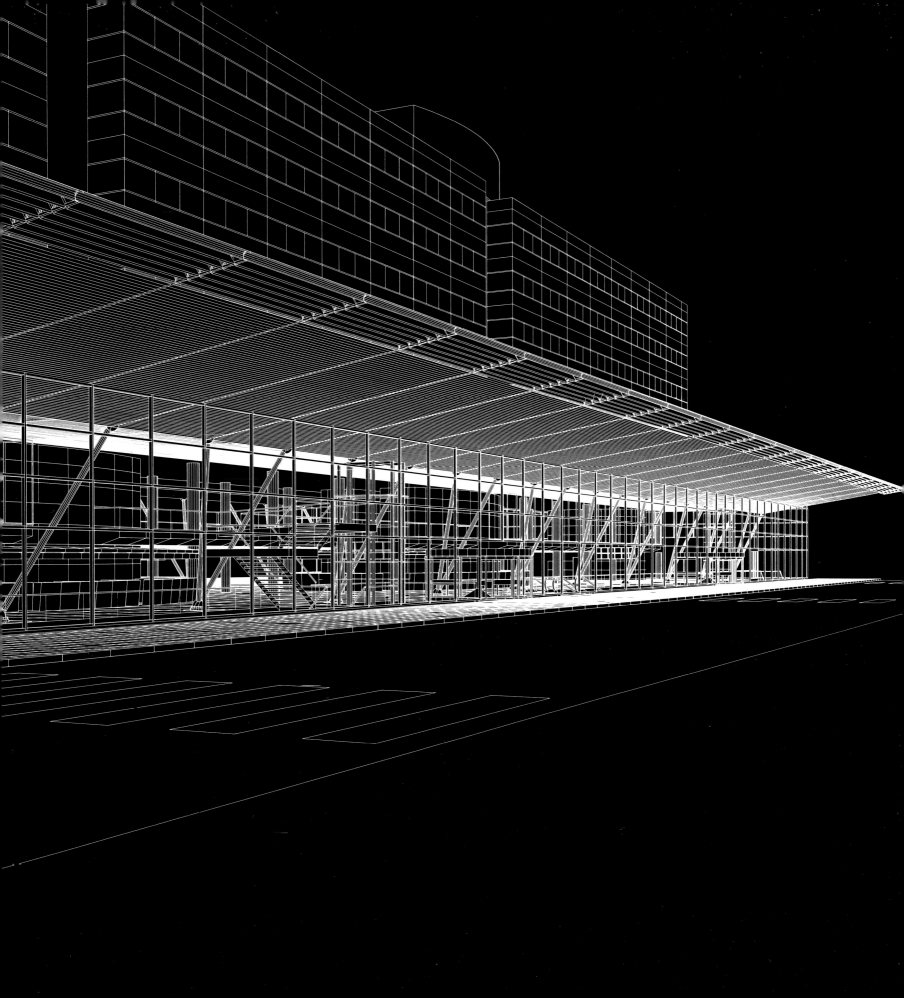

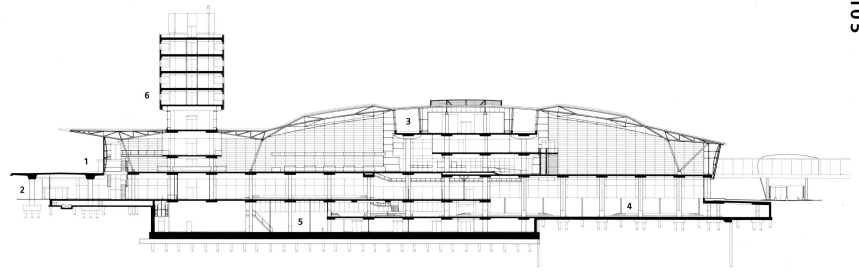

Doorsnede
1 Vertrekniveau
2 Aankomstniveau
3 Tracee ATS
4 Bagagekelder
5 Magazijnen
6 Kantoren

Perspectief vertrekniveau

0   10 m

Perspectief vertrekhal

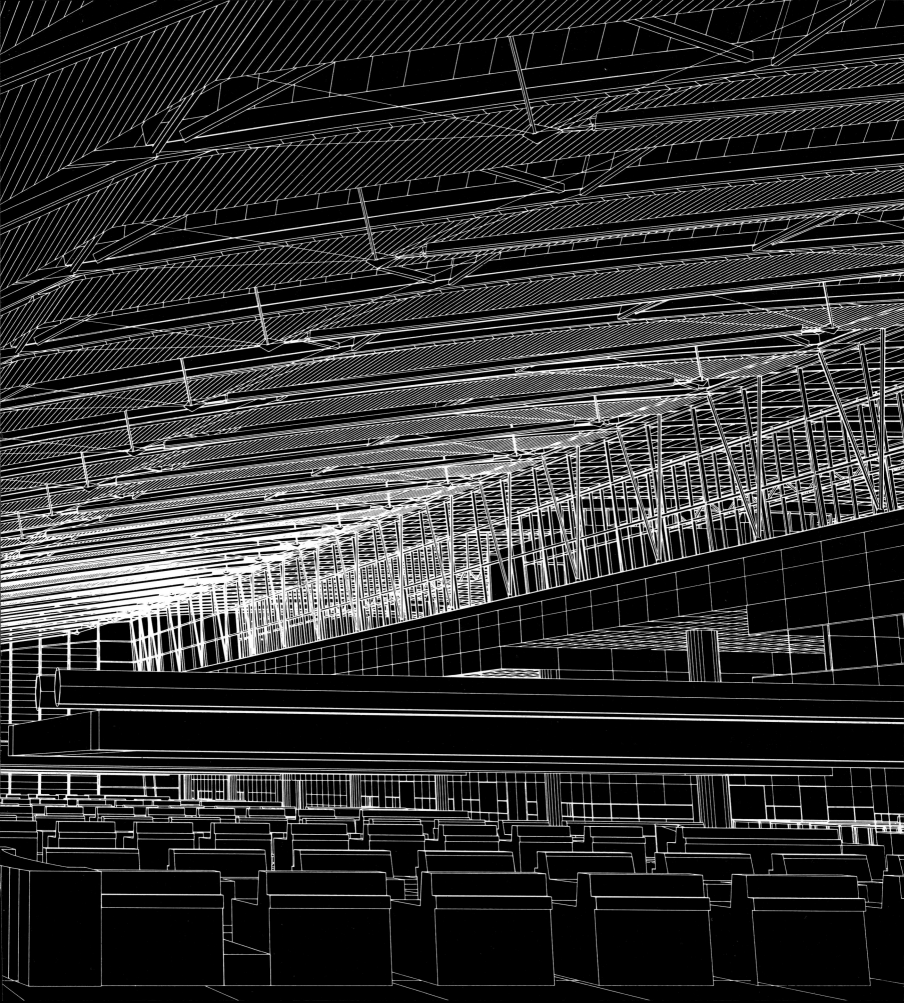

Thomas de Beercomplex en -driehoek 1989-1992

■ De voormalige wolspinnerij Thomas de Beer in Tilburg is een schitterende fabriekshal, met een sheddak op stalen kolommen. Dit industrieel erfgoed is aangekocht
door De Pont, stichting voor hedendaagse kunst, met de bedoeling om er een museum
en een centrum voor moderne kunst in onder te brengen. De fabriek wordt slechts in
bescheiden mate aangepast voor haar toekomstige museale functie, met voorzieningen
voor de staf, de bezoekers en het beheer van de collectie. De grote hal waarin
voorheen de spinmachines waren opgesteld wordt natuurlijk als expositieruimte
ingericht en hiervoor behoeft niet veel te veranderen.

■ Naar aanleiding van de verbouwing van de wolspinnerij heeft de gemeente Tilburg
Benthem Crouwel gevraagd om de stedebouwkundige structuur en de gebruiks-
mogelijkheden van het gebied rond het toekomstige museum te onderzoeken. Dit heeft
geleid tot een bebouwingsplan dat de chaotische verkaveling van deze oude fabrieks-
wijk respecteert als een historisch gegeven. Zo ontstaat een curieus stedebouwkundig
plan zonder scherp afgebakende grenzen tussen de straatruimte en de voormalige
fabrieksterreinen – een grens die natuurlijk ook in het verleden tamelijk diffuus was. De
nieuwe bebouwing vult de gaten die in het stadsplan zijn gevallen, maar niet volgens
een of ander beproefd stedebouwkundig recept. De relatie tussen bebouwde en onbebouwde ruimte blijft informeel en het is wonderwel gelukt om de karakteristieke ken-
merken van het oude industriedorp te renoveren.

Wilhelminapark, Tilburg
Opdrachtgever
Thomas de Beercomplex: De Pont, stichting
voor hedendaagse kunst
Thomas de Beerdriehoek: Gemeente Tilburg

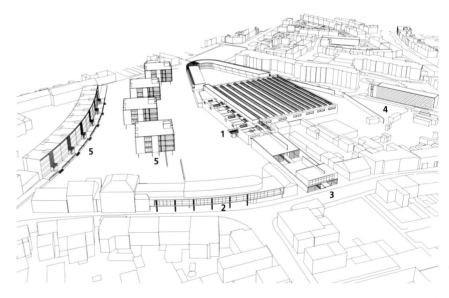

Perspectief
1 De Pont
2 Kantoor
3 Uitbreiding
4 Ouderenhuisvesting
5 Woningbouw

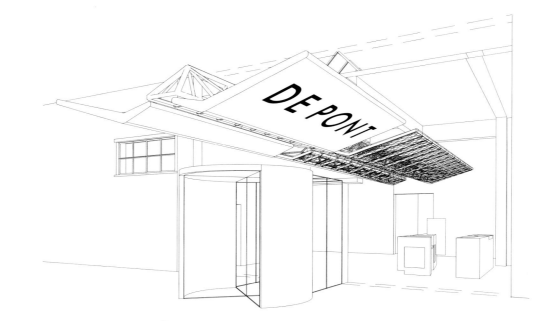

Perspectief entree

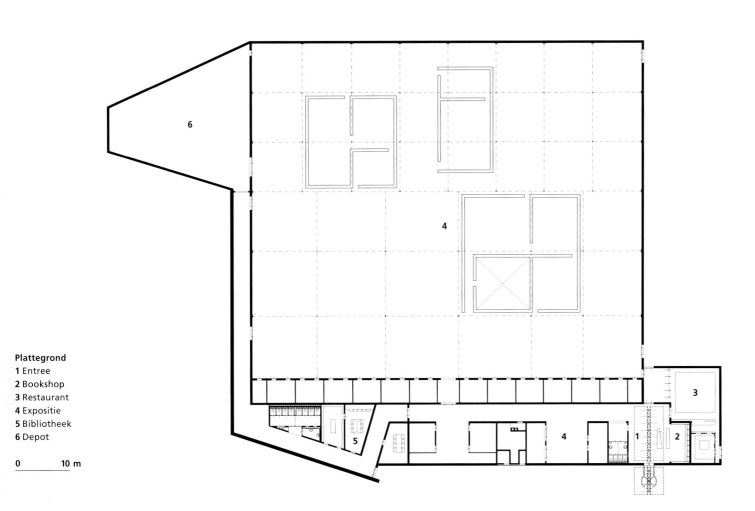

Plattegrond
1 Entree
2 Bookshop
3 Restaurant
4 Expositie
5 Bibliotheek
6 Depot

0 ———— 10 m

Kantoorgebouw en hotel Stationsplein 1988 - 1992

■ Het ontwerp voor een kantoorgebouw en een hotel aan het Stationsplein in Amsterdam zal vermoedelijk nog jarenlang aan menige borreltafel tot hoogoplopende twist leiden, zoals ook het gebouw van de Nederlandse Bank op het Frederiksplein misschien wel voor eeuwig omstreden zal zijn. Daarom is het nuttig om eraan te herinneren dat het centraalstation van P.J.H. Cuypers – nu een geliefd monument – destijds door velen werd beschouwd als een fatale dolksteek in het hart van Amsterdam. Inmiddels is de herinnering aan de oude haven alleen nog op oude prenten terug te vinden en nu richt het sentiment zich op het Stationsplein dat is ontstaan toen het station werd gebouwd. En niet alleen het station, maar ook de Sint-Nicolaaskerk en het hoofdkantoor van de Hollandsche IJzeren Spoorwegmaatschappij – beide eveneens beeldbepalend – dateren uit het eind van de negentiende eeuw.

■ Benthem Crouwel zijn zo brutaal geweest om een gebouw voor het Stationsplein te ontwerpen dat ook in deze omgeving een einde maakt aan het door velen gekoesterde sprookje van een negentiende eeuw waaraan geen einde komt. Het is niet alleen een ongehoord stuk hoger dan alle omringende bebouwing maar het is ook akelig modern. Wanneer men, mogelijk over honderd jaar, eenmaal gewend is aan de onaangename boodschap van de avantgarde, zal misschien ook het besef doordringen dat het Stationsplein in wezen een heel modern plein is, niet een afgerond geheel, zoals werkelijk historische pleinen, maar een rommelig en onvoltooid ensemble van architectuur en stedelijke ruimte. Het is juist fascinerend om te zien dat de stedebouwkundige ontwikkelingen in het gebied rond Schans en Buitensingel die in de vorige eeuw van start zijn gegaan, nog steeds over zoveel dynamiek beschikken dat de gemeenteraad genoodzaakt wordt om zich ademloos van de ene ad hoc beslissing naar de andere te haasten.

Stationsplein, Amsterdam

Opdrachtgever

BV Nemeog, Utrecht

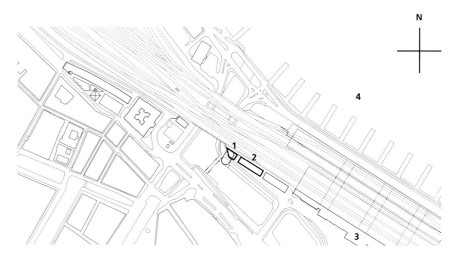

N

Situatie
1 Kantoor
2 Hotel
3 Centraalstation
4 IJ

Standaardverdieping
1 Kantoor
2 Hotel

0 ——————— 10 m

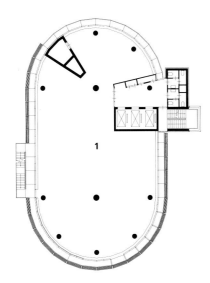

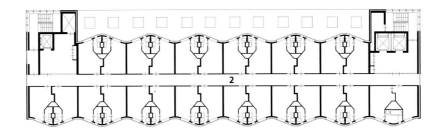

1

2

Zuidgevel

WAGONS LITS

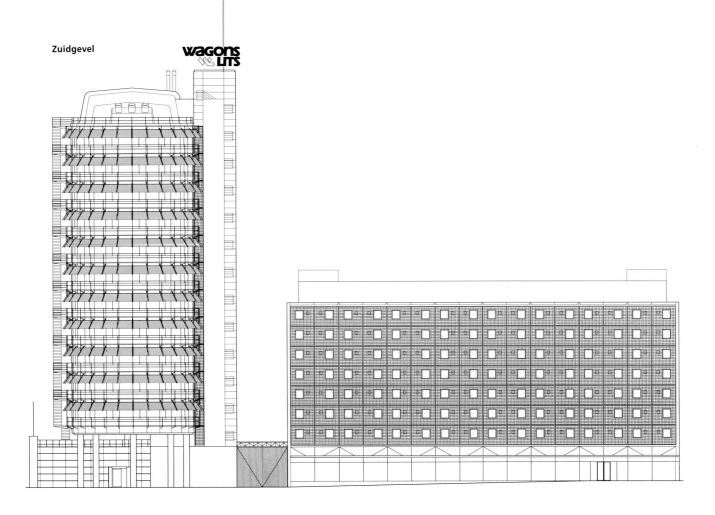

Woonhuis Crouwel 1991-1992

■ Dit ontwerp is verwant aan de prijsvraaginzending 'usquert' maar de relatie tussen oud en nieuw is in Tienhoven veel complexer. In Groningen ging het om werk van H.P. Berlage, dat voor hedendaagse architecten volstrekt onbegrijpelijk is geworden, maar woonhuis Crouwel is een uitbreiding van woonhuis Klein, ontworpen door Jan Rietveld. Rietveld junior heeft met zijn werk en met zijn onderwijs in Delft natuurlijk een belangrijke bijdrage geleverd aan de naoorlogse geschiedenis van de Moderne Beweging in Nederland. Zodoende lag het voor de hand dat de uitbreiding niet zou resulteren in de verbeelding van een radicaal contrast tussen twee tijdperken.

■ Toch zijn ook in Tienhoven de verschillen tussen oud en nieuw onmiskenbaar. Woonhuis Klein is een heel bescheiden landhuisje uit het begin van de jaren vijftig, met een licht gebogen kap, deels witgeverfde baksteengevels en een uitzonderlijk mooie woonkamer op de verdieping. De uitbreiding is heel zorgvuldig geschakeld met het bestaande huis, dat is duidelijk te zien in de plattegrond en de opstanden, maar de materiaalkeuze accentueert het leeftijdsverschil van veertig jaar tussen beide bouwdelen. De uitbreiding is echter niet geheel van staal en glas want de noordwestgevel is deels van baksteen om de relatie met het oorspronkelijke huis te versterken. Dit heeft een heel verrassend effect: door deze paar vierkante meters baksteen wordt de materiaalkeuze gerelativeerd, met als gevolg dat meer traditionele architectonische thema's, zoals de relatie tussen open en gesloten vlakken, op kouse-voeten ten tonele lijken te komen in een oeuvre dat tot op heden voornamelijk in het teken stond van strikt functionele vragen.

Dwarsdijk 3, Tienhoven
Opdrachtgever
Familie Crouwel

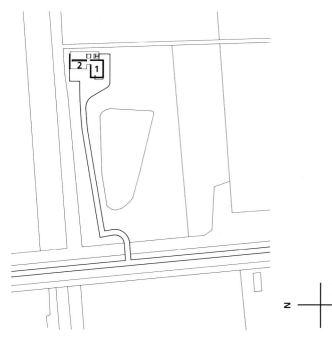

Situatie
1 Bestaand woonhuis
2 Uitbreiding

Biografie

1952
Jan Benthem, geboren te Amsterdam
1953
Mels Crouwel, geboren te Amsterdam
1978
Afstuderen Jan Benthem en Mels Crouwel aan de afdeling Bouwkunde, Technische Hogeschool, Delft
1979
Oprichting bureau Benthem Crouwel Architekten
Prijsvraag uitbreiding raadhuis, Usquert (eervolle vermelding)
1982
Prijsvraag de Fantasie, Almere (prijs)
1983
Nationale Staalprijs, eervolle vermelding voor woonhuis Jager, Den Haag
1984
Prijsvraag 25 jaar Stichting Bouwresearch; vier behaaglijke zitplaatsen langs de autoweg (eerste prijs, i.s.m. HBM)
1985
Meervoudige studie-opdracht Culturele Raad Zeeland; Recreatiepier, Vlissingen
A.J. van Eckprijs voor douanekantoor Hazeldonk en woonhuizen in Den Haag en Almere
1989
Opening bureau Benthem Crouwel NACO Luchthaven Schiphol, Amsterdam
Kunstpreis Berlin (aanmoedigingsprijs)
1990
Constructa Preis voor bedrijfsgebouw MORS, Opmeer
Nationale Staalprijs, eervolle vermelding voor bedrijfsgebouw MORS, Opmeer
Deelname aan de internationale prijsvraag voor het ontwerp van het Expo '95 terrein in Wenen
Deelname aan de stedebouwkundige prijsvraag IBA Emscherpark, Wettbewerb Industriepark Herten-Süd (Sonderankauf)

Functies

Selectiecommissie Biennale Jonge Nederlandse Architecten (1984)
Jury afstudeerprijs Staalprijs (1988 en 1990)
Amsterdamse Kunstraad (1985-1987)
Raad voor de Kunst (1987-1991)
Jury Nautisch Kwartier, Amsterdam (1988)
Jury Twee onder één Kap, Delft (1989)
Beoordelingscommissie boulevard Domburg (1991)
Jury Constructa Preis, Hannover (1992)

Tentoonstellingen

Deelname Biennale Jonge Nederlandse Architecten (1983)
Recreatiepier Vlissingen (1985)
Tecno; Structure and Transparency, Amsterdam (1988)
Weissenhofsiedlung Stuttgart (1990)
Biennale Venetië (1991)

Televisie

De kans te bouwen – VPRO (1985)

Lezingen over eigen werk

Universiteiten van Berlijn, Darmstad, Delft, Dortmund, Eindhoven, Karlsruhe, Leuven, München, Stuttgart
Symposium High Tech, Eindhoven (1987)
Symposium afscheid Rem Koolhaas, Delft (1990)
Architectuur + Moraal, Beurs van Berlage Amsterdam (1991)
AA School, London (1987)
Berlage Institute (1991)

Extension to Municipal Hall ¹⁹⁷⁹

■ The imaginary extension to the municipal hall by H.P. Berlage at Usquert in the province of Groningen was a quite remarkable assignment for a competition. The issue raised was not practical but ideological by nature: it concerned the question of how architecture should continue following the demise of the Modern Movement in the twenty years before then.

■ Benthem Crouwel chose a solution that resolutely rejected out of hand every compromise with the work of Berlage. In their view of architecture it is impossible to create a latter-day municipal hall other than by utterly contemporary means. The projected extension is a manifesto for the ultra-modern office building. Thus emerges the contrast from which this competition entry derives its significance. Benthem Crouwel do not enter into a dialogue with Berlage, with the surprising result that Berlage's building – standing forlorn among the arable fields of Groningen – at once becomes articulate.

■ The equilibrium achieved between old and new is an equilibrium of contrasts. Though Berlage is considered to be the father of modern architecture in the Netherlands his work still has strong ties with historical architecture. For Benthem Crouwel, however, the past no longer has any significance whatsoever, and their design in point of fact demonstrates that the objectivity of Berlage belongs to a chapter in architectural history that has definitely come to an end. A historical monument like it can no longer be extended without throwing up a disastrous confusion of tongues between present and past.

1 Existing municipal hall
2 Extension

Axonometric projection

Jager House ¹⁹⁸²

■ In 1985 the A.J. van Eck Prize was awarded to Benthem Crouwel for Jager House, the customs houses and Benthem House. In the jury's report it is the functional simplicity of these designs that is particularly praised. Jager House, it states, 'is a box with a few additions, including a modest roof structure, a railing along the edge of the roof and a veranda'. Despite this architectural restraint there is, unmistakably, a glimpse of civilized luxury that did not escape the panel of judges. 'The house in The Hague', the report concludes,' is through its simplicity, elegance and faultless design almost classical. The veranda added to the pristine block, composed of steel frames and grids, turns a frugal house into an opulent one. Form, function and structure are inseparable.'

■ Through the building materials used, Jager House has a fairly unconventional appearance. In particular the three almost blankwalled facades of white sandwich panels contrast starkly with the brick architecture of the surrounding buildings. These blank sides of the house offer the inhabitants a high level of privacy, while the almost fully glazed south side guarantees the pleasures of the 'rational home': light, air and lots of sun. This ideal image of modern, healthy life is completed by an exercise room on the roof.

Site plan

North elevation

Axonometric projection

Roof level

First floor

Ground floor
1 Entrance
2 Kitchen
3 Scullery
4 Living room
5 Bedrooms
6 Bathroom
7 Study
8 Exercise room
9 Plant room

Entrance and Gatehouse of Naval Base ¹⁹⁸³

■ Kattenburgerstraat is not one of the most colourful streets in Amsterdam and the hermetically sealed naval base forms a fairly inert urban element in the centre of the capital city. Benthem Crouwel have done their utmost to give the entrance to the former naval docks an architecturally satisfying form. Even when the solid gates of the entrance are closed, the steel masts and tension rods on which the track rail is suspended form a remarkable element: not only an orientation point, but also – perhaps through the association with the circus – a suggestion of frivolity in an environment otherwise anything but frivolous.

■ When the gates are opened, the image of the gatehouse enlivens the appearance of what was once Grote (great) Kattenburgerstraat. It is a basic, small office building with an extremely abridged plan, loadbearing walls and concrete floor slabs. Wrapped round this somewhat prosaic entity is a fanciful exterior facade of glass, sandwich panels and corrugated metal sheet. In fine Amsterdam tradition the street side of the building is a genuine front facade of meticulous appearance whose sunshades, suspended on cables, make it slightly more than functional alone. The rear and side facades are utterly unobtrusive.

■ Finally the shelter needs mentioning, for this accommodation for one is a essential component of the design. It is in fact a lifelike architectural model made for the customs houses, but here in Kattenburgerstraat it resembles a frivolous architectural plaything, once again reminiscent of the circus, and perhaps also of Albert Boeken's attempts to equal with his Apollo Hall the 'tenuousness' of Duiker's Cineac newsreel cinema in Reguliersbreestraat, also in Amsterdam.

South elevation

Benthem House ^{1984, 1991}

■ This remarkable house began life as a competition entry whose motto translates as 'toughened glass'. The task was to design an 'unusual home' in Almere, whereby the building regulations normally applying could be ignored. For the prizewinners a plot of ground was made available for five years: this consequently implied that the foundations and the house had to be demountable.

■ Benthem Crouwel chose a minimum of means and a minimal plan. The house, eight metres each way, rests on four concrete slabs whose joint weight of six tonnes prevents strong wind having fatal consequences. Mounted on these foundations is a floor structure: a combination of space frame, sandwich panels, wooden joists and multi-ply. The sandwich panels, which also serve for the house's blank walls and interior partitions, are normally used for refrigerated truck bodies. Almost all the walls, however, are in fact of frameless toughened glass stabilized against wind pressure at the joints. The roof of profiled steel plate is so light that not its weight but wind suction forms the structural problem. This was solved by complementing the stabilizing fins with two steel tension cables anchored to the floor in the middle of the living room.

Site plan

Plan
1 Living room
2 Kitchen
3 Bathroom
4 Bedrooms

East elevation

South elevation

Elevation projection

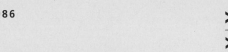

Amusement Pier ¹⁹⁸⁵

■ Like the imaginary extension to Usquert Municipal Hall the idea of an amusement pier in Vlissingen (Flushing) was meant purely to fuel the discussion of modern architecture. As such it was a remarkable idea indeed, for it is debatable whether such a pier is – or better still, should be – architecture. Usually it is a weird concoction of poles and refreshment stalls extending awkwardly into the sea. And even should the design be by a qualified master builder it still has the somewhat ludicrous effect of a building, perhaps a beautiful building at that, which for reasons that are unclear stands in the water a considerable distance from the beach and spoils the view.

■ Benthem Crouwel have avoided this problem by designing something resembling a submarine whose deck just manages to protrude at high tide and is more or less stranded at low tide. The deck is completely flat and empty so that the pier barely intrudes on the view, if at all. Below this deck hang two tubes: one for strolling through if the weather is bad, the other for french fries, one-armed bandits and other sources of pleasure. The intended discussion about architecture was thereby enriched by Benthem Crouwel with the simple yet still applicable statement made in the twenties that good architecture has a better chance of surviving when designers refrain from wasting their talents on aesthetic speculations.

Site plan

Dack

Plan

Construction

Long section

Nieuwland House ¹⁹⁸⁶

■ This house is one of the few designs by Benthem Crouwel with an enticing beauty. Benthem House is inaccessibly beautiful, Jager House striking but not seductively so; and much of their work is so functional that whether it possesses beauty becomes a marginal issue. Nieuwland House is a subtle compromise between a stylized form of New Objectivity architecture – most appropriate for its location in Kralingse Plaslaan – and a structural ingenuity that acknowledges only the criterion of material used intelligently. Essentially it concerns a simple structure of sand-lime brick, such as is applied everywhere, yet here the material is exploited to the limits of its structural capabilities.

■ The house derives its beauty from the meticulously detailed and elegant curtain wall of grey enamelled glass. As the transparent glass panels in the window openings occupy the same plane and moreover are assimilated in the modular system of the facade, a flawlessly executed glass cube is the result. To hold the glass in place special stainless steel clamps were designed that can also accommodate the glazing of opening lights on four pivot points. It is these efforts to achieve a system so well-considered and perfected that it can be implemented consistently, which make Nieuwland an exceptional house.

Site plan

East elevation

West elevation

North elevation

South elevation

Second floor

First floor

Ground floor
1 Entrance
2 Garage
3 Plant room
4 Bedrooms
5 Living room
6 Dining room
7 Kitchen
8 Bathroom
9 Terrace

Sonsbeek Pavilion ¹⁹⁸⁶

■ The pavilion for the sculpture exhibition at Sonsbeek in Arnhem is the most minimal design Bethem Crouwel have made to date: a 'transparent envelope' to protect a number of fragile art works from wind and weather. The desire to achieve a maximum of tranparency served as the basic premise and the pavilion is consequently entirely of glass. To prevent bending the glazing panels forming the roof are supported by lattice girders. The result is proof that glass, glazing compound and a minimum of steel can be used to make something that satisfies the highest possible demands both aesthetically and structurally. The pavilion was a joy to behold, and probably opened the eyes of many a visitor to the exhibition to the sculptural quality architecture can have on occasion.

■ Though Benthem Crouwel when asked are quick to reply that the history of architecture does not interest them unduly, they were of course thoroughly aware that Gerrit Rietveld and Aldo van Eyck had each built a pavilion for Sonsbeek which will not be forgotten that easily. This reminder of the unsurpassed creativity of the historical avant-garde, and the De Stijl movement in particular, did not, however, lure them into adventures with aesthetic principles of a past age. This is perhaps the very thing they have in common with designers like Rietveld and Van Eesteren, who like them simply set out to make something worthwhile with the means they considered most suitable. Here in Arnhem Benthem Crouwel have once again shown that they chose a particular architecture, with the willingness to investigate thoroughly all the consequences of that choice.

Site plan

Customs Houses ¹⁹⁸⁰⁻¹⁹⁸⁷

■ The customs houses at Oldenzaal, Gennep and Hazeldonk together form a complex commission for a series of quite diverse architectural demands. It is the intention that traffic crossing the border can be controlled with a minimum of inconvenience and time. For the rapid inspection of passenger travel a simple roof and several shelters for the customs officials suffice. Trucks are dealt with in greater detail and the necessary administration requires office facilities. Should there be a reason to physically inspect a load this can be done in a shed for this purpose.

■ As the client, the Ministry of Housing, Physical Planning and Environment, aspired to a certain uniformity among the border posts, Benthem Crouwel set out to develop a recognizable concept within which sufficient architectural variation is possible. The most conspicuous theme is the use of a space frame for the roofs and for the impressive roof structure of the customs office at the Hazeldonk post. More fundamental, however, is the desire for objectivity evident in every element of the customs houses. If we compare those at Oldenzaal and Hazeldonk it gradually becomes evident that the latter is indeed exceptional. Yet the plan and structure of the first-named building is more typical of the well-chosen transparency characterizing these customs houses by Benthem Crouwel.

Site plan, 's-Heerenberg
Site plan, Oldenzaal
Site plan, Gennep
Site plan, Hazeldonk

1 Dutch customs
2 Military police
3 German customs
4 Belgian customs
5 Roof structure
6 Control building
7 Shelters
8 Garage
9 Toilets

Plan, 's-Heerenberg
South elevation
West elevation
Plan, Hazeldonk
East elevation
South elevation
Plan, Gennep
East elevation
South elevation
Plan, Oldenzaal
East elevation
South elevation

1 Waiting room
2 Waiting room for lorry drivers
3 Dutch customs
4 German customs
5 Belgian customs
6 Meeting room
7 Cafeteria
8 Plant room
9 Sample room
10 Archive

Conversion of Overholland Museum ¹⁹⁸⁷

■ Whoever was still not convinced after seeing the pavilion in Sonsbeek of the aesthetic restraint characterizing the work of Benthem Crouwel, must have come to realize in Overholland Museum that they are indeed going all out to obtain the maximum result with a minimum of means. Whereas modern museum buildings in all the large cities of the world are beginning to look more and more like a malignant form of architectural fission, Overholland Museum is an inconspicuous urban dwelling house discreetly adapted to suit a new function. Benthem Crouwel have not transformed the original house into a temple: and herein lies the charm of this design. The exhibited art is fostered by the indefinable intimacy of the upper-class house, something sorely missed in many museums – old and new – by the true art lover.

■ The most striking contribution by Benthem Crouwel is the entrance to the museum, where dark-tinted glass marks out a spatial programme that is new. Yet the original window openings of the house, though necessarily screened off to a limited degree, are sensitively integrated into the design. This creates quite a sharp contrast between the various architectural possibilities of glass that recalls the Expressionists. Expressionism and functionalism in architecture have more in common than is usually assumed, and Overholland is a remarkable synthesis of ostensibly unrelated aesthetic principles.

Detail of plan
1 Entrance
2 Reception desk
3 Prefatory space

Hojel Complex ¹⁹⁸⁸

■ The area in Utrecht between the Jaarbeurshallen (the complex named after the industrial fairs held there) and Central Station is characteristic of the devastation wrought in many cities by local planning authorities and other such bodies. 'Physical planning' is an absurd abstraction in which no-one will ever be able to live. Beginning from theoretical principles totally alien to the reality of city life, and in the name of progress, all coherence in a city area is dealt the death-blow by one or more large main roads and a number of large-scale buildings sited at random. What remains is an abject void, not just in architectural and planning terms but socially and morally – here, cultural malaise has acquired a real feeling of menace.

■ Benthem Crouwel have made a plan to breathe new life into this area. The brief called for a great many square metres of office space and an attractive pedestrian link between Central Station and the 'Jaarbeurshallen'. This latter requirement was met by Benthem Crouwel by creating on the roof of a two-storey car park an urban park at the same level as the pedestrian route across the station. The development stipulated by the brief is grouped round this park like a vast office complex about a green interior courtyard. It is surprising to see how a simple urban element, namely the nineteenth century park, can restore order to a thoroughly fragmented plan.

Site plan
1 Raised park
2 Trademart building
3 Jaarbeurs office
4 Jaarbeurs hall
5 Offices
6 Hotel

Long section

MORS Company Building ¹⁹⁸⁷⁻¹⁹⁸⁸

■ The headquarters of MORS system ceilings in Opmeer, northeast of Alkmaar, is a high point in the series of designs in steel and glass made by Benthem Crouwel during the first half of the eighties. The brief was relatively straightforward: a showroom, some office space and a fairly large storage zone. On every industrial site across the Netherlands one or other variation on such a building can be found, yet Benthem Crouwel have without doubt given their clients the most elegant variation.

■ The programme has been most directly expressed by interlocking two contrasting sections. The one containing the showroom and office space has an aluminium system facade involving a lot of glass. The storage zone is clad in silver-grey profiled steel sheet. Both sections share a skeleton composed of ten delicate framework trusses. Part of this skeleton is internal, for the trusses of the storage area are not visible from outside, but the three remaining elements of the structure which span the showroom and office, make clear how the whole fits together. As a result, the various components of the programme and the structure are expressed to absolute perfection.

Long section

Ground floor plan
1 Entrance
2 Reception
3 Showroom
4 Stores
5 Workshop

Anne Frank Museum ¹⁹⁸⁷⁻

■ In principle every architectural problem is a complex problem, involving all kinds of vague links between cultural, functional and structural aspects for which no design theory can give a satisfactory explanation. The Anne Frank Museum in Amsterdam, however, presents a problem almost as unfathomable as life itself. The historic rear section or Achterhuis, in the perimeter block between the canals of Prinsengracht and Keizersgracht, where Anne Frank wrote her diary during the last years of her life, is a world-famous war monument with hundreds of thousands of visitors each year. The Anne Frank Museum is in danger of literally giving way beneath this stream of visitors, for basically it is still an ordinary Amsterdam house.

■ Within the perimeter block in question, the Anne Frank Foundation has managed to scrape together several parcels of land, from which has emerged a capriciously shaped site for the erection of a new museum, to protect the Achterhuis. In planning terms the site presents problems, but then Anne Frank did live here and not on Museumplein. For the logistic problems of the streams of visitors to the Anne Frank Museum Benthem Crouwel provided a highly satisfactory solution, whereby the Achterhuis would remain accessible to a limited degree but no longer subjected to a full-scale tourist onslaught. It also permitted future visitors a glimpse of the drama of the Frank family as perhaps seen by the neighbours at the back: windows which were suddenly empty and would remain so for good. And it is for this reason that the enormous portrait of Anne Frank on the glazed facade of the projected new building on Westermarkt is such a moving gesture.

Temporary conversion

Detail of plan
1 Entrance
2 Pay desk

Isometric projection

Van Soutelandelaan Apartment Building 1987-1991

■ The Hague has a tradition of luxury apartment buildings which bears some likeness to the Amsterdam School. Other than their colleagues in the capital, however, Hague architects never indulged in decorative exuberance. The housing blocks they designed can be recognized by a taut, distinguished exterior with fine brick facades and as a rule steel window frames. A decorative use of brickwork is almost nowhere in evidence: along well-nigh functionalist lines the high craft quality was to speak for itself, and the perimeter block is usually articulated with a minimum of plastic means.

■ It is clear that with their design for the apartment building on Van Soutelandelaan Benthem Crouwel tried to discover the secrets of this typically Hague recipe. Remarkably they succeeded, and from this it once again transpires that the High-Tech label attached to their work is misplaced. The facades of white glazed brick and steel window frames painted dark green pay homage to such forgotten architects as C. Brandes and W. Verschoor, as well as providing the desired Hague hallmark. The three penthouses, the balconies and the six stone-clad chimneys for the fireplaces articulate the building with a finishing touch that once more underlines their luxurious nature, with a reference to the functionalist opulence of the Nirwana flats Duiker and Wiebenga would have loved to have built.

Section through entrance

Section

Site plan

1 Hall
2 Living room
3 Dining room
4 Study
5 Kitchen
6 Scullery
7 Bedrooms
8 Bathroom
9 Storage

Penthouse

Apartments

North elevation

Extensions to Amsterdam Airport (Schiphol) 1982-1988

■ Through the years Benthem Crouwel have designed various smaller structures for 'Schiphol' near Amsterdam. Probably through their affinity with the world of technique they have always felt very much at home in the medium-sized but extremely dynamic city that Schiphol in fact is. Thus they built a cycle shed, quite an unusual item in architectural history, which was little more than a perfect demonstration of the forces that ultimately control every architectural design. The same applies to the remaining designs there: after all, the world of ascending and descending jumbo jets offers little inclination to aspire to any architectural show of strength.

■ The bus station they designed for the airport attested to their willingness to accept the functional demands of the commission as the leading principle in the design process. This design had to be realized in a short time (and during the winter months) and as it was a temporary facility being easily demountable was one of the demands. Along this prosaic path a wondrously beautiful building emerged which led the briefest of lives. The design can also be regarded as a springboard for the E pier, one of more recent plans for Amsterdam Airport. Hence the idea already established in principle by Benthem House has been consistently pursued further. This process of patient perfection clearly forms a leitmotif running through the work of Benthem Crouwel, one that is gradually developing into an optimum balance between objectivity and structural adventure.

Extensions to Amsterdam Airport (Schiphol) 1989-

■ An airport is a company that has to survive in a world of stiff competition. With the approach of a united Europe Amsterdam Airport is confronted with the need to meet the increase in scale which will doubtless also take place in air traffic. To this end an extremely ambitious master plan has been devised which intends to double the capacity of the airport in fifteen years.

■ Benthem Crouwel were involved from the beginning in the development of this plan and have produced a series of designs for the Schiphol of the future. The new West Terminal is without doubt the most spectacular component of this series, with a gigantic hall of steel and glass that recalls the great railway stations of the nineteenth century. This terminal building is under construction, as is the E pier mentioned in the previous section. Further there are advanced plans for a large office complex to be built above the new multi-storey car park accommodating 6000 vehicles. This design reminds us in many ways of the Hojel complex, but owing to the demands made at Schiphol integration of the different components has been considerably improved.

■ The airport is an instructive client for architects because it is not only buildings that are concerned but the efficiency of a vastly complex whole, where every planning error could have catastrophic consequences. For this reason each design for Schiphol is based on a meticulous analysis of all the logistic problems that a new circulation of the various streams of traffic brings with it.

Perspective

1 Existing terminal building
2 West Terminal
3 G pier
4 Offices and parking
5 Railway track

Perspective of departure level

Section

1 Departure level
2 Arrival level
3 ATS track
4 Luggage basement
5 Stores
6 Offices

Thomas de Beer Complex and Triangle 1989-1992

■ The former woollen mill of Thomas de Beer in Tilburg is a magnificent factory hall, with a shed roof on steel posts. This industrial legacy was bought by a foundation (Mr. J.H. de Pont Stichting) with the intention of housing in it a museum and a modern art centre. The factory was to be adapted on a modest scale for its future function as a museum, with facilities for staff, visitors and management of the collection. The large hall where the spinning-machines used to stand will of course be equipped as an exhibition gallery, for which little will need changing.

■ Following on from the conversion of the woollen mill Tilburg Municipality asked Benthem Crouwel to examine the urban structure and potential of the area round the future museum. The outcome is a development plan that respects the chaotic layout of this old factory area as a historical fact. Thus there arose a singular urban plan without sharply defined borders between the street space and the former factory grounds – borders which were fairly vague to begin which. The new development fills in the holes that have appeared in the city plan, but not according to some well-worn urban recipe. The relationship between built and unbuilt space remains informal, and endeavours to renovate the characteristic traits of the old industrial village have succeeded remarkably well.

Perspective

1 De Pont
2 Office
3 Extension
4 Old age accommodation
5 Housing

Perspective of entrance

Plan

1 Entrance
2 Bookshop
3 Restaurant
4 Exhibition
5 Library
6 Depot

Office Building and Hotel, Stationsplein 1988-1992

■ The design for an office building and a hotel on Stationsplein, the square fronting Central Station in Amsterdam, will probably be a heated point of discussion across many a café table for years to come, in the way that the Nederlandse Bank building in Frederiksplein will perhaps be discussed until eternity. It is therefore worth remembering that P.J.H. Cuypers' Central Station – now a well-loved monument – was once regarded as a fatal stab-wound to the heart of Amsterdam. Memories of the old docks are meanwhile confined to old prints and sentiment is now directed at Stationsplein which came into being when the station was built. And not only the station, but also the Church of St. Nicholas and the headquarters of the HIJSM (Holland Iron Railway Company) – both of them dominant features there – date from the end of the nineteenth century.

■ Benthem Crouwel had the audacity to design for the square a building which in this area brought to an end the fairytale cherished by many of a nineteenth century that never ends. Not only is it unacceptably taller that all other buildings round it but it is unpleasantly modern too. Once people have got used to the disagreeable message of the avant-garde, maybe in a hundred years' time, perhaps then it will dawn on them that Stationsplein is essentially a very modern square; not yet a complete entity, like truly historical squares, but an untidy and incomplete ensemble of architecture and urban space. It is indeed fascinating to see that planning developments in the area round Schans and Buitensingel (the old fortifications) which began in the previous century, still possess enough dynamism as to have the municipal council dashing breathlessly from one ad hoc decision to the next.

Site plan
1 Office
2 Hotel
3 Central Station
4 River IJ

Typical floor
1 Office
2 Hotel

South elevation

Crouwel House 1991-1992

■ This design is allied to the competition entry 'usquert' but in Tienhoven the relation between old and new is a lot more complex. In Groningen it concerned work by H.P. Berlage, which for today's architects has become utterly incomprehensible; Crouwel House, however, is an extension to Klein House, designed by Jan Rietveld. The designs and lectures at Delft by Rietveld Jr. naturally contributed much to the postwar history of the Modern Movement in the Netherlands. Accordingly it was obvious that the extension to Klein House would not produce the image of a radical contrast between two eras.

■ And yet the differences between old and new are unmistakable in Tienhoven too. Klein House is a modest country house from the beginning of the fifties, with a gently curving roof, partially white painted brick facades and an exceptionally beautiful living room on the upper floor. The extension was grafted with extreme care onto the existing house – this is clearly visible in the plan and elevations, yet the choice of materials does accentuate the age difference of forty years between the two. However, the extension is not entirely of steel and glass; the north-west facade is partly of brick so as to strengthen the relationship with Klein House. The effect is surprising in the extreme: through these few square metres of brick the choice of material has been put into perspective. The result is that more traditional architectural themes, such as the relation between 'open' and 'closed' surfaces, seem to be stealthily taking the stage in an oeuvre which until now has been dominated by strictly functional issues.

Site plan
1 Existing house
2 Extension

1952
Jan Benthem, born in Amsterdam
1953
Mels Crouwel, born in Amsterdam
1978
Jan Benthem and Mels Crouwel graduate
from Delft Technical University (Faculty of
Architecture)
1979
They set up the firm Benthem Crouwel
Architekten
Competition for extension to municipal hall,
Usquert (honorary mention)
1982
'De Fantasie' competition, Almere (prize)
1983
Nationale Staalprijs (honorary mention) for
Jager House, The Hague
1984
Competition '25 Jaar Stichting Bouwresearch';
four comfortable seats along the motorway, in
collaboration with HBM (first prize)
1985
Limited competition for amusement pier,
Vlissingen (Flushing), held by Culturele Raad
Zeeland
A.J. van Eck Prize for Hazeldonk customs house
and dwelling houses in The Hague and Almere
1989
Opening of Benthem Crouwel NACO Lucht-
haven Schiphol office, Amsterdam
Kunstpreis Berlin (incentive prize)
1990
Constructa Preis for MORS company building,
Opmeer
Nationale Staalprijs (honorary mention) for
MORS company building, Opmeer
International competition to design the Expo
'95 grounds in Vienna
IBA urban design competition for Emscher-
park, Wettbewerb Industriepark Herten-Süd
(Sonderankauf)

Functions

On the selection committee for Young Dutch
Architects Biennale (1984)
Members of Amsterdamse Kunstraad
(1985-1987)
Members of Raad voor de Kunst (1987-1991)
On the judges' panel:
Staalprijs graduation award (1988 and 1990)
'Nautisch Kwartier', Amsterdam (1988)
'Twee onder één Kap' competition, Delft (1989)
Domburg Boulevard (1991)
Constructa Preis, Hannover (1992)

Exhibitions

Young Dutch Architects Biennale (1983)
Amusement pier, Flushing (1985)
Tecno; Structure and Transparency, Amsterdam
(1988)
Weissenhofsiedlung, Stuttgart (1990)
Venice Biennale (1991)

Television

'De kans te bouwen', VPRO broadcasting
company (1985)

Lectures on their own work

Universities of Berlin, Darmstadt, Delft,
Dortmund, Eindhoven, Karlsruhe, Leuven,
Munich, Stuttgart
Symposium on High-Tech, Eindhoven (1987)
Symposium at departure of Rem Koolhaas,
Delft (1990)
Architectuur + Moraal, Berlage's Exchange,
Amsterdam (1991)
AA School, London (1987)
Berlage Institute (1991)

Projecten tot 1982 in samenwerking met
A. Wiersma.

Projecten op de Luchthaven Schiphol vanaf
1988 in samenwerking met NACO, Nederlands
Ontwerpbureau voor Luchthavens

Uitgevoerde projecten

1979
Verbouwing kantoorgebouw Nassaulaan,
Den Haag
Verbouwing bureau Oudezijds Achterburgwal,
Amsterdam
Verbouwing woonhuis Habbema, Haarlem
Verbouwing woonhuis Van der Hoek,
Amsterdam
1980
Verbouwing damesmode-winkel, Leeuwarden
Verbouwing woonhuis Boogert, Amsterdam
1980-1985
Douane-emplacement, Oldenzaal
1981-1984
Abri-systeem grensovergangen
1982
Woonhuis Jager, Den Haag
1982-1986
Kantoor- en bedrijfsgebouwen Luchthaven
Schiphol, Amsterdam
1983
Verbouwing kantoorgebouw Vondelstraat,
Amsterdam
Toegangspoort en wachtgebouw Marine-
etablissement, Amsterdam
1983-1984
Douane-emplacement, Nieuweschans
Douane-emplacement, Hazeldonk
1983-1986
Douane-emplacement, Gennep
1983-1987
Douane-emplacement, 's-Heerenberg-Oost
1984
Woonhuis Benthem, Almere
Uitbreiding vrachtstation Luchthaven Schiphol,
Amsterdam
1985-1986
Vacuümtank Luchthaven Schiphol, Amsterdam
Dienstgebouw afvalzuiveringsinstallatie
Luchthaven Schiphol, Amsterdam
1986
Paviljoen Sonsbeek, Arnhem
Busstation Luchthaven Schiphol, Amsterdam
Woonhuis Nieuwland, Rotterdam
Stand Frankfurter Buchmesse, Uitgeverij 010
Publishers, Rotterdam
1987
Verbouwing museum Overholland, Amsterdam
1987-1988
Torens grondradar Luchthaven Schiphol,
Amsterdam
Bedrijfsgebouw MORS, Opmeer
1987-1991
Woongebouw Van Soutelandelaan, Den Haag
1988-1992
Kantoorgebouw en Hotel Stationsplein,
Amsterdam
1988-
Adviseurschap RAI-complex, Amsterdam

1988-
Uitbreiding Luchthaven Schiphol, Amsterdam;
infrastructuur, stationsgebouw en pieren
1989-1992
Verbouwing Thomas de Beercomplex, Tilburg
1990-1991
Tijdelijke uitbreiding Stationsgebouw Zuid
Luchthaven Schiphol, Amsterdam
Uitbreiding Aviodome/Informatiecentrum
Schiphol 2000 Luchthaven Schiphol, Amsterdam
1990-1992
Woonhuizen BouwRAI, Almere-Stad
Brug Open Havenfront, Amsterdam
1991-1992
Congreszaal Aviodome/Informatiecentrum
Schiphol 2000 Luchthaven Schiphol, Amsterdam
Interieur NS-tunnel, Luchthaven Schiphol,
Amsterdam

Niet-uitgevoerde projecten

1979
Bebouwingsplan Drinkwaterleidingterrein,
Rotterdam
1980
A House for Karl Friedrich Schinkel, Japan
(prijsvraag)
Jongerenhuisvesting Kruisplein, Rotterdam
(prijsvraag)
1981
Huisvestingsstudie Total Design, Amsterdam
1982
Buurtcentrum Katendrecht, Rotterdam (Prix
de Rome)
Provinciehuis Rijnmond, Rotterdam (Prix de
Rome)
1983
Openbare Bibliotheek, Naarden-Bussum
Jungle-hal Burgers Dierenpark, Arnhem
1984
Evenementenhal Diergaarde Blijdorp,
Rotterdam
1985
Stedebouwkundig plan en bebouwingsvoorstel
Catsheuvel, Den Haag (meervoudige opdracht,
voorkeursplan)
Bebouwingsplan Schouwburgplein, Rotterdam
(meervoudige opdracht)
Architectuurmuseum in Beurs van Berlage,
Amsterdam (meervoudige opdracht)
Bebouwingsplan Oostmaaslaan, Rotterdam
1986
Geluidsscherm A20, Schiedam-Blijdorp
(meervoudige opdracht)
Verbouwing orangerie landgoed Over-Holland,
Nieuwersluis
Stedebouwkundig plan en bebouwingsvoorstel
Drievriendenhof, Dordrecht (meervoudige
opdracht, voorkeursplan)
Woonhuis Huntum, Amsterdam Zuid-Oost
Kantoorgebouw 'Smart Building', Utrecht
1987
Overkapping binnenplaats Academie van
Bouwkunst, Amsterdam
Beslissingscentrum in Oost-Groningen voor
Nederland Nu Als Ontwerp, kritisch scenario
2050, Groningen
Landelijk Natuur- en Milieupark, Amsterdam
(meervoudige opdracht, voorkeursplan)

Laboratorium Biologie-faculteit, Universiteit
van Amsterdam
Kantoor Bouwburo Masterplan Luchthaven
Schiphol, Amsterdam
Stedebouwkundig plan Utrechtse Baan,
Den Haag (meervoudige opdracht, voorkeurs-
plan)
Uitbreiding Anne Frankhuis, Amsterdam
(meervoudige opdracht, voorkeursplan)
1988
Architectuurinstituut, Rotterdam (meervoudige
opdracht)
Studie 'Veranderend stadsbeeld Amersfoort',
Amersfoort
Woonhuis Etalage, Amersfoort
Studie VARA-strook, Amsterdam (meervoudige
opdracht)
Hojel-complex, Utrecht (meervoudige opdracht)
Kantoorgebouw Buitenveldert, Amsterdam
(ontwerpstudie)
Stedebouwkundig plan Zuidpoortgebied, Delft
(meervoudige opdracht)
1989
Kantoorgebouwen Sloterdijk, Amsterdam
(ontwerpstudie)
1991
Kantoorgebouw Stationsgebied, Tilburg

Projecten in voorbereiding

1989-
Uitbreiding Provinciehuis, Groningen
Verbouwing Museum Fodor, Amsterdam
1990-
Stedebouwkundig plan Thomas de Beer-
driehoek, Tilburg
Parkeergarage en Kantoren P4 Luchthaven
Schiphol, Amsterdam
1991-
Centrale entrees NS-station/stationsgebouwen
Luchthaven Schiphol, Amsterdam
Museum Nieuw Land, Lelystad
Twee fiets- en voetgangersbruggen, Woerden
Parkeergarage, kantoren en hotel Utrechtse-
baan, Den Haag
1992-
Lange termijn uitbreiding RAI-complex,
Amsterdam
Bibliotheek Technische Universiteit, Delft
(meervoudige opdracht)

Medewerkers
Benthem Crouwel Architekten

Ir Marcel Blom bi, ir Jacob Borren bi, ing Kees
van Giessen, ir William van Ingen bi, Simone
Kraaijenbrink, dipl. ing. Peter Kropp, ing. Ton
Liemburg avb, dipl. ing. Heike Löhmann, ir Frido
van Nieuwamerongen bi, ir Stan Rietbroek bi,
ir Pieter van Rooij bi, ir Joost Ruland bi,
ir André Staalenhoef bi

Oud-medewerkers

Ir Adrie Barnhard bi, ir Karel Bodon bi,
ir Jan van den Burg bi, ir Roelof Gortemaker bi,
ir. Tom Lugthart bi, Maurits Mens, ir Ellen
Sander bi, ir Han Westelaken bi

Bibliografie

Teksten van Jan Benthem en Mels Crouwel

· Benthem, J., M. Crouwel en A. Wiersma, 'Verandering is de enige constante', in: Haan, H. de en I. Haagsma, *Wie is er bang voor nieuwbouw... confrontatie met Nederlandse architecten*, Amsterdam 1981, 47-48
· Crouwel, M., 'Vijf punten over architectuur', in: Leupen, B. (red.), *Hoe modern is de Nederlandse architectuur?*, Rotterdam 1990
· 'Jan Benthem en Mels Crouwel', in: Kloos, M. (red.), *Architecture Now*, Amsterdam 1991

Interviews met Jan Benthem en Mels Crouwel

· Middelkoop, N. en E. van Eekelen, 'Benthem, Crouwel, architekten', *Kunstlicht* 1984/85 nr.14, 16-21
· Lamoen, K. van en W. Meijer, 'Architectenduo Benthem en Crouwel pleit voor flexibel bouwen', *I² Bouwkunde + Civiele Techniek* 1985 nr.6, 6-19
· Hofland, D., 'Prijswinnende architecten Jan Benthem en Wim Crouwel (sic): Wij houden dus niet van bakstenen stapelen en dakpannen erop leggen', *Het Binnenhof* 26-09-1985
· Hertzberger, H., 'Architectuur en constructieve vrijheid: een gesprek tussen drie winnaars van de Van Eckprijs', *Architectuur/Bouwen* 1985 nr.9, 33-37
· Gemert, A. van en R. Brouwers (red.), *Architectuur voor een zee-land*, Rotterdam 1985, 74-81
· Haan, H. de en I. Haagsma, 'Er is meer dan glas, staal en aluminium. Berlijnse onderscheiding voor het architectenduo Benthem Crouwel', *De Volkskrant* 17-03-1989

Artikelen over Benthem Crouwel

· 'Grenzen van architectuur, werk van Benthem en Crouwel', *Forum* 1983/84 nr.3, 32-35
· Lamoen, K. van, 'Benthem/Crouwel: een beeldverhaal', *I² Bouwkunde + Civiele Techniek* 1985 nr.6, 13-19
· Dettingmeijer, R. en A. Oosterman, 'De technische hoogstandjes van de architecten Benthem en Crouwel. "We willen niet op één hoop worden gegooid met de bol-, kubus- en kegelfratsenbouwers"', *De Groene Amsterdammer* 07-08-1985
· 'A.J. van Eckprijs voor Benthem Crouwel Architecten', *Wonen-TA/BK* 1985 nr.19/20, 11
· Berni, L. en A. Leroy, 'Holland: a constructive workshop', *Ottagono* 1987 nr.3, 20-22
· *Benthem Crouwel Architekten BNA. Structure & Transparancy*, Milaan 1988
· Ouwendijk, M., 'Ir. W.M. Crouwel', *Kwartaalblad Kunst & Bedrijf* 1989 nr.1, 10-13
· Haan, H. de en I. Haagsma, 'Er is meer dan glas, staal en aluminium', *De Volkskrant* 17-3-1989
· Benedetti, A., 'La qualita architettoniche di technologia', *Edilizia Popolare* 1991 nr.213, 42-59
· Benthem, J. en M. Crouwel, 'Räume aus Glas. Bauten von Benthem & Crouwel, Amsterdam', *Deutsche Bauzeitung* 1991 nr.7, 17-25

Artikelen over projecten van Benthem Crouwel

Uitbreiding raadhuis, Usquert 1979

· Zwinkels, C., 'Usquert: Trimparcours voor architecten. Prijsvraag zonder prijzen toch geslaagd', *De Architect* 1980 nr.3, 92-95
· Beeldreportage, *De Architect* 1980 nr.3
· Zwinkels, C., 'Usquert: over en sluiten?', *De Architect* 1980 nr.4, 68-69
· 'ideeënprijsvraag voor uitbreiding van berlage's raadhuis te usquert, *Plan* 1980 nr.4, 12-21
· Dubbeling, ir. F., 'bevordering der bouwkunst', *Plan* 1980 nr.4, 22
· Das, O., 'maatschappelijke relevantie van architectuur', *Plan* 1980 nr.4, 23
· Barbieri, U., 'architectuur in historisch perspectief?', *Plan* 1980 nr.4, 24-27
· Andela, G., 'berlage usquert: prijsvraag biedt bonte verzameling architectuur', *Wonen-TA/BK* 1980 nr.8, 2-3
· 'berlage usquert: architectuurdiscussie blijkt nog steeds moeilijke zaak', *Wonen-TA/BK* 1980 nr.8, 4

Douane-emplacement, Oldenzaal 1980-1985

· Leenaerts, C.L.M., 'Zonne-energie voor douanegebouw De Poppe. Verschillende experimenten rond de beheersing van het binnenklimaat', *Architectuur/Bouwen* 1985 nr.2, 25-28
· Niesten, J., 'Douane-emplacement De Poppe bij Oldenzaal: ondergronds koelen ventilatielucht eerder rendabel dan verwarmen met zonne-energie', *De Architect* 1985 nr.9, 113-119
· 'Douane-emplacementen te Oldenzaal, Gennep en 's-Heerenberg', *Bouw* 1987 nr.19, 34-40
· 'Customhouse Oldenzaal-Autoweg', *A + U Architecture and Urbanism* 1987 nr.9, 79-82
· 'Niederländische Grenz- und Zollgebäude', *Glasforum* 1990 nr.3, 24

Douane-emplacementen algemeen, 1980-1987

· Bullhorst, R., 'Het visitekaartje van Nederland', *Bouwen met Staal* 1984 nr.70, 27-30
· Lamoen, K. van, 'Abri's', *I² Bouwkunde + Civiele Techniek* 1985 nr.6, 18-19
· 'Douanegebouw aan rijksweg 16/E10', *Bouw* 1985 nr.13, 28-30
· Kloos, M., 'Een opgetild hek als visitekaartje van Nederland', *De Volkskrant* 4-10-1985
· 'Two customhouses on the border', *A + U Architecture and Urbanism* 1987 nr.9, 73
· 'Douane-emplacementen te Oldenzaal, Gennep en 's-Heerenberg', *Bouw* 1987 nr.19, 34-40
· 'Niederländische Grenz- und Zollgebäude', *Glasforum* 1990 nr.3, 19-24

Buurtcentrum Katendrecht, Rotterdam 1982

· Graaf, R. de, 'De Prix de Rome verdient een winnaar', *Wonen-TA/BK* 1982 nr.24, 2-4
· Maas, T., 'Prix de Rome: geen talent ontdekt', *De Architect* 1983 nr.1, 56-65

Provinciehuis Rijnmond, Rotterdam 1982

· Graaf, R. de, 'De Prix de Rome verdient een winnaar', *Wonen-TA/BK* 1982 nr.24, 2-4
· Maas, T., 'Prix de Rome: geen talent ontdekt', *De Architect* 1983 nr.1, 56-65
· Buchanan, P., 'High-Tech and High Style. Benthem & Crouwel', *Architectural Review* 1985 nr.1, 56-59
· 'Benthem & Crouwel', *Space Design* 1985 nr.1, 78-79

Woonhuis Jager, Den Haag 1982

· 'A dwellinghouse of steel and aluminium', *Acier. Stahl. Steel.* 1982 nr.4, 132-134
· Bullhorst, R., '"Witte doos" geeft hoop op historisch gevoelige bouw', *NRC Handelsblad* 17-04-1982
· Weyden, M. ter, 'Nederlandse architecten '82. Crouwel en Benthem', *Cobouw* 11-06-1982
· Koster, E., '"Witte doos" in Scheveningen. Benthem en Crouwel bouwen villa met staal', *De Architect* 1982 nr.7/8, 38-43
· Heuvel, W.J. van, 'Twee architecten op zoek naar hedendaagse architectuur. Manifeste architectuur van Benthem en Crouwel', *PT Bouwtechniek* 1982 nr.9, 23-28
· 'Woonhuis in staal en aluminium', *Bouwen met Staal* 1982 nr.61, 37-38
· Bullhorst, R., 'Vormvisie', *De Bouwadviseur* 1982 nr.11, 28-31
· 'Woonhuis Violenweg 30, Den Haag', *Bouwen met Staal* 1983 nr.10, 10
· 'La Maison Blanche', *L'Architecture d'Aujourd'hui* 1984 nr.12, 14-18
· 'Benthem & Crouwel', *Space Design* 1985 nr.1, 78-79
· 'Jager Residence', *A + U Architecture and Urbanism* 1985 nr.4, 57-62
· Lamoen, K. van, 'Woonhuis Violenweg 30, Den Haag', *I² Bouwkunde + Civiele Techniek* 1985 nr.6, 16-17
· Familie Jager, 'Een witte doos in Den Haag. De woning aan de Violenweg van Benthem en Crouwel', *Architectuur/Bouwen* 1985 nr.9, 38
· 'Olanda 1982. Casa Jager a 's Gravenhage', *L' Industria della Construzioni* 1985 nr.168, 46-49
· 'Jager residence', *A + U Architecture and Urbanism* 1985 nr.175, 57-66
· Versteeg, C., 'Een metalen doos in de tuin van de buren', *Haagsche Courant* 06-08-1986
· Groenendijk, P. en P. Vollaard, *Gids voor moderne architectuur in Nederland*, Rotterdam 1987, 200
· Kuijpers, J. en G. van Zeijl, *Construeren en citeren*, Nijmegen 1987, 18-19

Douane-emplacement, Nieuweschans 1983-1984

· Benthem, J. en M. Crouwel, 'Grensoverschrijdende experimenten? Twee grensovergangen en een woning', *Architectuur/Bouwen* 1985 nr.2, 21-24

Douane-emplacement, Hazeldonk 1983-1984

· Benthem, J. en M. Crouwel, 'Douanegebouw Hazeldonk', *Items* 1983 nr.10, 20-22
· Buchanan, P., 'High-Tech and High Style.

Benthem & Crouwel', *Architectural Review* 1985 nr.1, 56-59
· Zwinkels, C., 'High tech in low land. Douane-gebouw in Hazeldonk', *De Architect* 1985 nr.1, 35-39
· Benthem, J. en M. Crouwel, 'Grensoverschrijdende experimenten? Twee grensovergangen en een woning', *Architectuur/Bouwen* 1985 nr.2, 21-24
· 'Douanegebouw aan Rijksweg 16/E10', *Bouw* 1985 nr.13, 28-30
· 'Benthem & Crouwel', *Space Design* 1985 nr.8, 51
· 'Customhouse Hazeldonk', *A + U Architecture and Urbanism* 1987 nr.9, 74-78
· Groenendijk, P. en P. Vollaard, *Gids voor moderne architectuur in Nederland*, Rotterdam 1987, 258
· *Annual of Architecture*, Vol 1, Barcelona 1988, 92-95
· 'Niederländische Grenz- und Zollgebäude', *Glasforum* 1990 nr.3, 21-22

Douane-emplacement, Gennep 1983-1986
· 'Douane-emplacementen te Oldenzaal, Gennep en 's-Heerenberg', *Bouw* 1987 nr.19, 34-40

Douane-emplacement, 's Heerenberg-Oost 1983-1987
· 'Douane-emplacementen te Oldenzaal, Gennep en 's-Heerenberg', *Bouw* 1987 nr.19, 34-40
· Kuijpers, J. en G. van Zeijl, *Construeren en citeren*, Nijmegen 1987, 18-19
· 'Niederländische Grenz- und Zollgebäude', *Glasforum* 1990 nr.3, 23

Woonhuis Benthem, Almere 1984
· '"De Fantasie", acht "fantastische" woningen in Almere', *Beeld* 1984 nr.4, 25-27
· 'Une Maison laboratoire, Almere Pays Bas, *L'Architecture d'Aujourd'hui* 1984 nr.236, 16-17
· Buchanan, P., 'High-Tech and High Style. Benthem & Crouwel', *Architectural Review* 1985 nr.1, 56-59
· 'Benthem & Crouwel', *Space Design* 1985 nr.1, 78-79
· Meijsing, D., 'De Fantasie. "Laatst hadden we vier mannen in de kamer, we konden er niet achter komen hoe die weerspiegeling in elkaar zat"', *Vrij Nederland* 04-01-1985
· Bullhorst, R., 'Ongewoon wonen', *NRC Handelsblad* 15-02-1985
· Benthem, J. en M. Crouwel, 'Grensoverschrijdende experimenten? Twee grensovergangen en een woning', *Architectuur/Bouwen* 1985 nr.2, 21-24
· Hillen, L.G., 'Een huis van glas', *Glas* 1985 nr.2, 6-8
· 'House at Almere-Stad', *A + U Architecture and Urbanism* 1985 nr.4, 63-65
· 'Woonhuis te Almere-Stad', *Bouw* 1985 nr.21, 35-37
· Vissers, M., '"Ongewoon wonen" in glas', *Bouwwereld* 1985 nr.6, 48-51
· Lamoen, K. van, 'Woonhuis Almere', *I² Bouwkunde + Civiele techniek* 1985 nr.6, 14-15

· 'Huis in Almere: de woonmachine van Benthem en Crouwel', *Items* 1985 nr.15, 33-35
· 'Olanda 1984. Casa Benthem, Almere', *L' Industria della Construzioni* 1985 nr.168, 50-53
· 'Almere una citta in formazione. La casa sul traliccio', *Abitare* 1985 nr.236, 36-37
· 'Dutch Courage', *The Architects' Journal*, 1985 nr.32, 28-34
· 'Woonhuis, Almere-Stad. Lichte constructie als tijdelijke basis', *Bouwen met Staal* 1986 nr.78, 7
· Krewinkel, H.W., 'Experiment: Glashaus auf Zeit in Almere/Niederlande', *Glasforum* 1987 nr.6, 21-24
· Groenendijk, P. en P. Vollaard, *Gids voor moderne architectuur in Nederland*, Rotterdam 1987, 99
· Davies, C., *High Tech Architecture*, New York 1988, 148-151
· Menard, J.P., 'Façades de verre, Maison Almere Pays Bas', *AMC Architecture* 1990 nr.10, 47
· Brouwers, R. e.a. (red.), *Architectuur in Nederland. Jaarboek 1989/1990*, Deventer 1990, 10,12
· Kroupa, K., 'Glashaus auf Zeit in Almere/Pro Tempore Glass House in Almere', *Detail* 1991 nr.1, 51-53

Recreatiepier, Vlissingen 1985
· Gemert, A. van en R. Brouwers (red.), *Architectuur voor een zee-land*, Rotterdam 1985
· 'Technologie en mer: jetée à Flessingne, Pays-Bas', *L'Architecture d'Aujourd'hui* 1985 nr.12, 46-48

Woonhuis Nieuwland, Rotterdam 1986
· Smits, P., 'Een doosje als afsluiting van een blok met blokken', *Rotterdams Nieuwsblad* 18-06-1986
· Heuvel, W.J. van, 'Consequenties van een gevelafwerking in glas: discussie rond de bekleding van een kalkzandsteengevel', *Architectuur/Bouwen* 1986 nr.9, 43-46
· 'Woonhuis te Rotterdam', *Bouw* 1986 nr. 21, 38-40
· 'Haus Nieuwland in Rotterdam', *Glasforum* 1988 nr.4, 36-40
· Kloos, M., 'Le goût des choses simples', *Architecture d'Aujourd'hui* 1988 nr.258, 48-71 (66-67)
· Koole, C., 'Wonen in beslotenheid', *Eigen Huis & Interieur* 1989 nr.9, 56-58
· Kroupa, K., 'Haus Nieuwland', *Detail* 1991 nr.1, 49-50
· Helsing, R., 'Haus Nieuwland in Rotterdam 1987', *Werk, Bauen + Wohnen* 1991 nr.4, 48-51

Paviljoen Sonsbeek, Arnhem 1986
· Heuvel, W.J. van, 'Transparante paviljoens voor beelden: glasarchitectuur in het groen van Sonsbeek', *Architectuur/Bouwen* 1986 nr.8, 9-16
· 'Sonsbeek '86: het glazen paviljoen van Benthem en Crouwel: glas als constructie-materiaal', *I² Bouwkunde + Civiele techniek* 1986 nr.11, 17-22
· Daan, G., 'Techniek in de Nederlandse

architectuur', *Forum* 1987 nr.2, 6-7
· Benthem, J. en M. Crouwel, 'Skulpturen-Pavillion in Arnheim/Niederlande', *Glasforum* 1987 nr.5, 35-38
· 'Barely There. Sculpture pavillion Arnhem, The Netherlands', *Architectural Review* 1987 nr.9, 80-84
· 'Skulpturen Pavillion in Arnheim', *Bauen mit Stahl* 1988 nr.63
· Kloos, M., 'Le goût des choses simples', *Architecture d'Aujourd'hui* 1988 nr.258, 48-71 (67)
· Ouwendijk, M., 'Ir. W.M. Crouwel', *Kunst + Bedrijf* 1989 nr.3, 10-13

Woonhuis Huntum, Amsterdam Zuid-Oost 1986
· Mens, R., 'Villa-architectuur van naam in de Bijlmermeer', *De Architect* 1986 nr.7/8, 53-55

Stedebouwkundig plan en bebouwings-voorstel Drievriendenhof, Dordrecht 1986
· Stoutjesdijk, H., 'Plannen voor Drievrienden-hof, Dordrecht. Bethem-Crouwel favoriet in matige competitie', *De Architect* 1986 nr.9, 65-67
· *Architectuuropgave Drievriendenhof*, Dordrecht 1986

Busstation Luchthaven Schiphol, Amsterdam 1986
· Lamoen, K. van, 'Schiphol bouwt tijdelijk busstation voor 1200 passagiers', *I² Bouwkunde + Civiele Techniek* 1987 nr.6, 43-46
· 'Busstation in Amsterdamer Flughaven Schiphol', *Glasforum* 1990 nr.3, 15-18

Stedebouwkundig plan Utrechtse Baan, Den Haag 1987
· 'Benthem Crouwel/OD 205: geen overkapping, maar herstel', *Den Haag* 1987 nr.6, 5
· *Over de Utrechtsebaan: geschiedenis en toekomst van een markant stadslandschap in Den Haag*, Dienst Stadsontwikkeling Den Haag 1987, 41-53

Verbouwing Museum Overholland, Amsterdam 1987
· Defesche, M., '19 Nederlandse Musea', *Intern* 1987 nr.2, 12-14
· Janssen, H., 'Overholland. De droom van een liefhebber', *Metropolis M* 1987 nr.2, 20-21
· Giersbergen, M. van, 'Museum Overholland: nieuw museum in Amsterdam', *Archis* 1987 nr.3, 2-3

Uitbreiding Anne Frankhuis, Amsterdam 1987
· Dijk, H. van, 'Uitbreiding Anne Frankhuis: controverse rond plan van Benthem en Crouwel', *Archis* 1989 nr.6, 2
· 'Alterations and extension to Anne Frank Museum', in: Ibelings, H., *Modernism without dogma*, Rotterdam 1991

Architectuurinstituut, Rotterdam 1987
· Rodermond, J., 'Zes ontwerpen voor een architectuurinstituut', *De Architect* 1988 nr.7, 29-41

· Maas, T., 'Zes plannen voor het Architectuur-instituut. De combinatie van een eenvoudig programma met grote pretenties', *Architectuur/Bouwen* 1988 nr.7, 13-41 (30-33)
· Brouwers, R. e.a., *Zes ontwerpen voor het Nederlands Architectuurinstituut*, Rotterdam 1988

Bedrijfsgebouw MORS, Opmeer 1987-1988
· Heuvel, W.J. van, 'Tussen high tech en low style. De constructie als uitgangspunt', *Architectuur/Bouwen* 1988 nr.5, 15-20 (19-20)
· Haan, H. de en I. Haagsma, 'Acht spanten en twee dozen', *De Volkskrant* 29-7-1988
· Benthem, J. en M. Crouwel, 'Kantoor/show-room in Opmeer. Technische architectuur voor systeemplafond-bedrijf', *Architectuur/Bouwen* 1988 nr.9, 37-41
· Benthem, J. en W.M. Crouwel, 'Bedrijfsgebouw MORS systeemplafonds, Opmeer', *Bouwen met staal* 1988 nr.86, 39-41
· 'Opmerkelijk bedrijfspand te Opmeer. Mors systeemplafonds goed behuisd', *Stedenbouw* 1988 nr.449, 53-54
· 'Bedrijfsgebouw te Opmeer', *Bouw* 1989 nr.4, 24-26
· 'Less is Mors', *The Architectural Review* 1989 nr.3, 52-57
· Slawik, H., 'Ein Schmuckkästchen: Betriebs-gebäude in Opmeer, Niedelande', *Deutsche Bauzeitung* 1989 nr.10, 51-53
· 'Firmengebäude in Opmeer, Niederlande', *Architektur + Wettbewerbe* 1989 nr.139, 8-9
· Brouwers, R. e.a. (red), *Architectuur in Nederland. Jaarboek 1988/1989*, Deventer 1989, 105
· 'Firmengebäude in Opmeer/Niederlande', *Glasforum* 1990 nr.2, 21-26
· Miranda, A., 'La metáfora del pintalabios, Benthem y Crouwel para Mors', *Arquitectura Viva* 1990 nr.10, 53-55
· 'A3 Bedrijfsgebouw MORS, Opmeer. Vrij indeelbare ruimtes door overspanningsconcept', *Bouwen met staal* 1990 nr.96, 7
· Schultz, G., 'Optische Kontraste trotz einheit-liche Konstruktion', *Möbel Interior Design* 1990 nr.12, 46-51
· *Constructa-Preis '90. Industriearchitektur in Europa*, Hannover 1990, 64-71

Hojel-complex, Utrecht 1988
· Heuvel, W.J. van, 'Vijf ontwerpen voor Utrechtse Hojelterrein. Meervoudige opdracht van Nationale Nederlanden en Jaarbeurs', *Architectuur/Bouwen* 1988 nr.8, 17-36 (26-28 + 35-36)

Stedebouwkundig plan Zuidpoortgebied, Delft 1988
· Heeling, J., 'Meervoudige stedebouwkundige opdrachten kritisch beschouwd', *De Architect* 1988 nr.7, 25-27
· Geurtsen, R. en N. Körnig (red), *Locatie Zuidpoort Delft – vijf visies. Uitkomsten van een meervoudige opdracht*, Delft 1989

**'Veranderend stadsbeeld Amersfoort',
stedebouwkundig ontwerp Amersfoort-
centrum 1988**
· Stip, D.J., 'Amersfoort wedt op verkeerde
paard. "Je moet een stad voor eeuwen
ontwerpen, niet voor tien jaar"', *Amersfoortse
Courant* 17-02-1988

**Uitbreiding Luchthaven Schiphol, Amsterdam
1988-**
· 'Schiphol naar het jaar 2000', speciaalnummer
Bouw 1989 nr.24
· Heinemans, J., 'Schiphol 2003. Modernste
mainport van Europa', *Flying Dutchman* 1990
nr.1, 47-53
· Metz, T., 'Schiphol New Departures', *Holland
Herald* 1990 nr.5, 40-43
· Slawik, H., 'Schiphol 2000', *Deutsche Bauzeitung*
1990 nr.11, 128-132
· 'Extensions to Amsterdam Airport (Schiphol)'
in: Ibelings, H., *Modernism without dogma*,
Rotterdam 1991